PHIL CALLAWAY

**Früher hatte ich Antworten,
heute habe ich Kinder**

»Brauchen Sie einen Sonnenstrahl für graue Tage?
Dann ist dieses Buch genau das Richtige für Sie.
Brauchen Sie ein liebevolles Flüstern Gottes in Ihrem
geschäftigen Leben? Sie werden es auf diesen Seiten
hören. Brauchen Sie ein bisschen Ruhe mitten im
Chaos? Genau das bietet Ihnen Phil Callaway hier.
Dieses Buch ist für all diejenigen, die entschlossen
sind, Gott zu lieben und das Leben zu lieben,
und für die beides zusammen zu verwirrend ist.«

MAX LUCADO
Autor u. a. von *Du bist einmalig*, *Wenn Gott dein
Leben verändert* und *Leben ohne Angst*

PHIL CALLAWAY

Früher hatte ich Antworten, heute habe ich Kinder

Geschichten vom Überleben
im Familienchaos

Aus dem Amerikanischen
von Elke Wiemer

Brendow.
VERLAG + MEDIEN

Bibliografische Information der Deutschen Nationalbibliothek
Die Deutsche Nationalbibliothek verzeichnet diese Publikation in der
Deutschen Nationalbibliografie; detaillierte bibliografische Daten
sind im Internet über www.d-nb.de abrufbar.

ISBN 978-3-86506-351-9
© 2011 by Joh. Brendow & Sohn Verlag GmbH, Moers
Originaltitel: I Used to Have Answers, Now I Have Kids
Originally published by Harvest House Publishers.
© 2000 by Phil Callaway
Einbandgestaltung: Brendow Verlag, Moers
Titelillustration: shutterstock
Satz: Hans Winkens, Wegberg
Druck und Bindung: CPI – Clausen & Bosse, Leck
Printed in Germany

www.brendow-verlag.de

Für Stephen, Rachael und Jeffrey.

Ihr habt meine Welt mit Lachen,
Energie und Unfug erfüllt.
Ich würde euch jederzeit gegen die
Antworten eintauschen.

Inhalt

Vorwort

*Bevor ich geheiratet habe, hatte ich drei Theorien
zur Kindererziehung.
Jetzt habe ich drei Kinder und keine Theorie.*

John Wilmot, Graf von Rochester

Früher hatte ich die Antworten.

Ich wusste, was Eltern tun sollten, wenn ihre Kinder mit
Rotznasen herumliefen, einen Wutanfall oder volle Windeln
hatten. Ich wusste, was Eltern antworten sollten, wenn ihre
Kinder sie fragten: »Wo kommen die Babys her?« und wenn
sie auf die Erklärung dann erwiderten: »Du verarschst mich.
Sag die Wahrheit!«. Ich wusste, an wen man sich wenden
musste, wenn die Kinder krank wurden, eine Vase zerbra-
chen oder in der Schule sitzen blieben. Ich wusste, was Eltern ihre Kinder über freie Entfaltung, Recht auf Leben und
Freiheit lehren sollten. Ich wusste, wann Kinder ins Bett
mussten und wann sie etwas sagen durften. Und dann bekam ich selbst Kinder.

Drei Stück.

In gerade mal drei Jahren.

Schon bald merkte ich, dass Kindererziehung die größte
Investition unseres Lebens ist. Aber Kinder werden ohne

Gebrauchsanweisung geliefert, haben keine »Ton-aus«-Taste, und man kann sie nicht umtauschen. Und wenn wir bei den ersten Kindern noch alle Antworten haben mögen, dann schickt uns Gott bestimmt noch eine kleine Überraschung hinterher, die alles auf den Kopf stellt. Eines Tages schreibt uns dieses Kind dann vom christlichen Jugendlager einen Brief, der alle Antworten, die wir bisher zu haben glaubten, infrage stellen wird.

Liebe Mama, lieber Papa,
unser Freizeitleiter hat gesagt, wir sollen alle an unsere Eltern schreiben, damit ihr euch keine Sorgen macht, falls ihr von der Überschwemmung gehört habt. Keine Angst, uns geht es gut. Ich konnte gerade noch aus der Hütte laufen, bevor sie davongespült wurde, und ich habe sogar noch meine Zahnbürste. Es ist niemand ertrunken, weil die meisten von uns gerade im Wald waren, um Jakob zu suchen. Zum Glück sind Schwarzbären nicht so gefährlich wie Grizzlys. Deshalb ist Jakob nichts passiert. Bitte ruft seine Mutter an und sagt ihr Bescheid. Er kann nicht schreiben, wegen seinem Gips. Wir hätten ihn in der Dunkelheit niemals gefunden, wenn es nicht gerade geblitzt hätte.

Wusstet ihr schon, dass eine Sprühdose explodiert, wenn man sie ins Feuer wirft? Nasses Holz brennt nicht so gut, aber Zelte. Und Klamotten. Billy wird noch eine Weile komisch aussehen, bis seine Haare wieder gewachsen sind. Wenn Mr. Chadwick den Bus reparieren kann, kommen wir am Samstag zurück. Er war nicht schuld an dem Unfall. Als wir losgefahren sind, haben die Bremsen noch funktioniert. Es ist ein toller Bus. Er braucht gar keine Versicherung. Und wir dürfen ihn schmutzig machen und auf dem Dach fahren. Es wird ganz schön eng da oben mit 15 Leuten.

Mr. Chadwick ist cool. Er will mir das Autofahren beibringen. Keine Angst, er lässt mich nur auf den Feldwegen hier in den Bergen fahren, wo nicht viel Verkehr ist. Hier sind nur Holztransporter und Elche. Heute Abend wird er mir Schwimmen beibringen. Und wie man von den Felsen ins Wasser springt.

Heute Morgen musste ich spucken. Mr. Gibbs, der Redner, meinte, dass das wahrscheinlich von den Resten vom Kartoffelsalat kommt. Er hat erzählt, dass ihm im Gefängnis auch immer vom Essen schlecht geworden ist. Ich bin so froh, dass er da rausgekommen ist und uns hier aus der Bibel erzählt. Jetzt muss ich Schluss machen. Wir wollen in den Ort, um unsere Briefe abzuschicken und Munition zu kaufen. Macht euch keine Sorgen.

Alles Liebe,
Jimmy

PS: Wann war meine letzte Tetanus-Impfung?

Auch wenn uns als Eltern manchmal vielleicht die Antworten ausgehen – eines wird uns niemals ausgehen: Geschichten. Seit nunmehr fast zehn Jahren erzähle ich die Geschichten, die Sie jetzt gleich lesen werden, vor Publikum überall im Land. Ich habe meine Zuhörer lachen sehen (zwei sind dabei vom Stuhl gefallen), und ich habe sie weinen sehen. Ich habe gesehen, dass Ehepaare, die mit den gleichen Problemen zu kämpfen hatten wie wir alle, gelächelt und neue Hoffnung für ihre Kinder geschöpft haben. Sie erzählten mir auch, warum: »Wir haben uns in Ihren Geschichten wiedererkannt. Und wenn es für Sie Hoffnung gibt, Phil, dann gibt es für jeden Hoffnung.«

Ich weiß nicht, wie das genau gemeint war, aber vielleicht sind Sie der gleichen Meinung.

Dieses Buch ist eine Sammlung von Kurzgeschichten. Es sind Geschichten voller Unfug, Lachen und Hoffnung. Sie sollen uns daran erinnern, dass das Beste noch kommt, auch wenn wir gerade eine ganz schwere Zeit durchmachen. Wenn Sie ein bisschen zwischen den Zeilen lesen, dann werden Sie die Stimme eines Mannes hören, der Gott gar nicht genug danken kann für seine Familie – für seine drei Kinder, die seinen Geldbeutel geleert, aber sein Herz gefüllt haben. Und für seine Frau, die ihn liebt, obwohl der Wind sein Haar zerzaust und er nicht den Nerv hat, es zu bändigen.

Ich hoffe, dass Sie sich und Ihre Familie auf diesen Seiten wiederfinden. Und wenn Sie sich beim Lesen dieser Geschichten nur halb so amüsieren wie ich mich beim Erzählen, dann werden wir wohl beide glücklich.

Phil Callaway
Alberta, Kanada

Der Dreikäsehoch-Einbrecher

Es ist Mitternacht. In der westlichen Hemisphäre schlafen kleine Kinder. Die Gutenachtlieder sind verstummt, alle Gebete gesprochen, und ich bin gerade am Einschlafen, als ich am anderen Ende des Ganges leise Schritte höre, die sich langsam nähern.

Einbrecher?

Im Halbschlaf schießen mir die schlimmsten Vorstellungen durch den Kopf. Plötzlich bin ich hellwach, und mein Herz schlägt wie wild. Soll ich den Notruf wählen oder das Licht anmachen?

Ganz leise geht unsere Schlafzimmertür auf.

Im schwachen Licht der Nachtleuchte steht eine einsame Gestalt in der Tür. Sie ist knapp 90 Zentimeter groß, grinst mich mit Schnuller im Mund an und heißt Jeffrey Paul. In der linken Hand hält er den Zipfel seines Kissens und in der rechten seinen Lego-Eimer. Dieser 2-Jährige, der die Uhr noch nicht lesen kann, meint, es sei jetzt Zeit zum Spielen.

»Komm her«, flüstere ich.

Er stellt den Lego-Eimer ab, drückt das Kissen an sich und krabbelt zu mir ins Bett. Er legt seinen Arm um meine Brust und stößt einen kleinen Schrei aus.

»Papa, Angst«, sagt er.

Ach Jeff, für nichts in der Welt würde ich dich hergeben.

Aber ich muss zu meiner Schande gestehen, dass das nicht immer so war ...

Es war vor drei Jahren, am 30. September, beim Abendessen.

»Schatz, ich glaube ... äh ... es scheint so, als wäre ich ... äh ... schwanger.« Meine Frau redete, während ich den Mund voll hatte. Beinahe hätte ich mich verschluckt und musste schnell etwas trinken, um die Kartoffeln hinunterzuschlucken und ganz ruhig zu erwidern: »WAS? DAS IST DOCH UNMÖGLICH! RACHAEL IST DOCH ERST DREI TAGE ALT!«

»Drei Monate«, verbesserte sie mich.

»Aber das geht doch gar nicht. Du willst mich auf den Arm nehmen, stimmt's? Das ist ein Scherz.« Ich sah sie eindringlich an. Es war kein Scherz. Ein Ehemann fühlt das.

»Und dabei hatte ich gerade das Gefühl, wieder ein bisschen ausgeschlafener zu sein ...«, drangen ihre Worte von weither an mein Ohr. Ich stieß meine Gabel in eine Kartoffel. »Drei Kinder in drei Jahren!« Jetzt kamen ihre Worte näher. »Und ich hatte mich schon so darauf gefreut, wieder mehr schlafen zu können, ein bisschen mehr Ruhe zu haben – vielleicht sogar mal wieder in Urlaub fahren zu können.«

Neun Monate später auf der Entbindungsstation unseres Krankenhauses.

Die Hebamme, der Kinderarzt, der Anästhesist, der Hausmeister, die Aushilfe des Hausmeisters, der Taxifahrer und drei Praktikanten wurden Zeugen dieses intimsten aller Ereignisse. Aber wir merkten gar nichts davon, denn soeben war Jeffrey Paul auf die Welt gekommen. Seine Geburt war auch nicht anders als die unserer anderen beiden Kinder. Aber man brauchte kein Abitur, um zu merken, dass er ganz anders war. Vom ersten Tag an zeigte Jeffrey uns deutlich, bis spät in die Nacht hinein, dass er nicht hier sein wollte. Es war nicht seine Entscheidung gewesen, und jetzt sollte jemand anderes dafür büßen.

Sein Wimmern war herzzerreißend, aber bei seinem durchdringenden Geschrei rollten sich einem die Zehennägel auf. »Er hat Koliken«, erklärte mir meine Frau. »Das hatte ich in seinem Alter auch, und deine Mutter sagt, du auch.« Diese Information war nicht besonders hilfreich.

Als er alt genug war für den Schnuller, tauchte ein anderes Problem auf: Jeffrey wurde aggressiv. Manche meinten, er habe einen Dickkopf. Andere sagten, er sei unmöglich. Wenn er etwas wollte, setzte er alle Hebel in Bewegung, um es zu bekommen. Das wurde schon lange vor jenem Tag beängstigend deutlich, an dem wir in einem Selbstbedienungsrestaurant in der Schlange standen und sahen, wie er eine wildfremde Frau schlug – vielleicht nur aus purer Freude daran, zuzuschauen, wie sie sich vor Schmerz das Knie rieb.

»Glaubst du, er könnte vielleicht gar nicht unser Sohn sein?«, meinte ich abends zögerlich. »Du kennst doch die Geschichten von den vertauschten Babys auf der Säuglingsstation.«

»Nö«, meinte meine Frau. »Dazu ist er dir viel zu ähnlich.«

Sie hatte recht.

Meine Eltern glichen schon fast Abraham und Sarah, als ich geboren wurde (sie bezahlten die Entbindung von ihrer Rente), und man nannte mich freundlicherweise den Nachzügler. Manche sagten, ich sei das Nesthäkchen. Meine Lehrer meinten, ich sei ein Ausrutscher gewesen. Aber von meinen Eltern hörte ich nie solche Worte. Stattdessen sagten sie: »Ich liebe dich«, oder: »Ich weiß gar nicht, was ich ohne dich tun würde.« Und sie zeigten mir diese Liebe auch praktisch. Ich war genauso geliebt wie die anderen.

Und genauso soll es auch mit dir sein, kleiner Jeffrey. Nicht, weil mir nichts Besseres einfällt oder weil es heldenhaft ist, sondern weil Gott uns zu den Überraschungen unseres Lebens immer seine Gnade schenkt. Und weil es stimmt: Ich kann mir ein Leben ohne dich nicht vorstellen – ohne dein »Saukeln, Papa« oder dein Lächeln.

Aber jetzt ist es Zeit, ins Bett zu gehen. Jeffrey nimmt seinen Lego-Eimer, ich nehme sein Kissen, und zusammen gehen wir zu seinem Bettchen. »Gute Nacht, Jeff. Ich hab dich lieb.«

»Ich auch, Papa«, sagt er. *Was für ein wunderbarer Tag.*

Was ich jetzt noch nicht weiß, ist, dass dieser Junge eines der großartigsten Geschenke Gottes in meinem Leben sein wird. In späteren Jahren wird Jeffrey mich wie ein verspielter Welpe an der Haustür in Empfang nehmen und mit einem einzigen Lachen alle Sorgen eines stressigen Tages vertreiben. Dieser fröhliche und quirlige Kerl wird mich daran erinnern, dass Gott weiß, was er tut, und denen die größten Geschenke macht, die leere Hände haben, um sie zu empfangen.

Als ich wieder im Bett liege und gerade am Einschlafen bin, höre ich leise Schritte, die langsam näher kommen. Einbrecher? Wohl kaum.

Nackte Tatsachen

Es ist Badetag. Überall auf der Welt nutzen gehetzte und gequälte Eltern die Gelegenheit, sich in diesen kostbaren Momenten auszuruhen und wieder zu Kräften zu kommen, während ihre Sprösslinge neue olympische Rekorde im Weitspritzen und Bad-unter-Wasser-setzen aufstellen.

In unserem sonderbaren Haus an jenem besonderen Abend sitzt ein 4-Jähriger mit seinem kleinen Bruder in der Badewanne und versucht dem Jüngeren einen Bart aus Seifenschaum zu machen. Zufällig höre ich ihre Unterhaltung.

»Weißt du, dass du böse Sachen gemacht hast?«

»Ja.« Das ist eines der drei Worte, die der 1-jährige Jeffrey sagen kann. Die anderen beiden sind »Ä-hä« und »M-hm«.

»Du hast gesündigt«, fährt der 4-Jährige liebevoll fort.

»Ä-hä.«

»Und dafür kommst du in die Hölle.«

»Ä-hä.«

»In der Hölle ist es ganz arg heiß.«

Der 1-Jährige bohrt ein Loch in die Seife.

»Aber du kannst in den Himmel kommen. Willst du in den Himmel?«

Jeffrey trinkt ein bisschen Badewasser und antwortet dann: »M-hm.«

»Dann musst du Jesus bitten, in dein Herz zu kommen.«

»Ja.«

»Ich bete für dich, okay?«

»Ä-hä.«

Wenige Augenblicke später steht ein tropfnasser, 4-jähriger Junge, mit nichts an als einem Lächeln, vor seinen Eltern. »Mama! Papa! Wisst ihr was?«

»Was denn, Stephen?«

»Jeffrey hat gerade Jesus in sein Herz gelassen.«

Jeffrey ist ein Jahr alt. Man könnte sagen, er ist ein Baby-Christ.

»Rachael!« Seit Stephens erstem Bekehrungsversuch sind ein paar Tage vergangen. Jetzt ist er so richtig in Fahrt und durch nichts mehr aufzuhalten. Vor allem nicht bei den

Mahlzeiten. »Weißt du, dass du böse Sachen gemacht hast?«

»Nein.« Das ist die häufigste Antwort seiner 2-jährigen Schwester.

»Du hast gesündigt«, erwidert der 4-Jährige unbeeindruckt.

»Hab ich nicht.« Dabei versucht Rachael, mit der Gabel eine Erbse aufzuspießen.

»Hast du doch.«

»Nein, hab ich nicht.«

»DOCH!«

»NEIN!«

»HAST DU DOCH!« Dabei schleudert der kleine Evangelist ein halbes Sesambrötchen nach seinem Bekehrungsopfer. Das Brötchen fliegt vorbei. Die Krümel liegen überall verteilt.

»Das reicht, Stephen. Komm mit.«

Hand in Hand gehen wir durch den Flur. Er weiß nicht recht, was ihn jetzt erwartet. Mir fällt nichts ein, was ich jetzt sagen könnte. Ich gehe in die Knie und halte ihn fest. Mein Sohn, der Badewannen-Evangelist. »Hör auf, Sachen nach deiner Schwester zu werfen.«

»Okay«, antwortet er und entwindet sich meinem Griff. »Noch was«, sage ich, während er schon um die Ecke verschwindet. »Du wirst die Krümel aufkehren.«

Es ist Abend. Die Kinder sind im Bett. Die Mutter ist mit meiner Kreditkarte ausgegangen, und ich liege im Bett und lese. Da streckt ein kleiner, barfüßiger Zwerg im Schlafanzug die Nase herein. »Huhu«, sagt er.

»Stephen, du solltest doch schon längst schlafen.« Ich klinge nicht sehr überzeugend. Er weiß, dass sein Vater es mit der Schlafenszeit nicht so eng sieht.

»Was isst du da?«

»Trauben.«

»Schmecken die?«

»Komm her und probier eine.« Ich hebe die Decke hoch, und er krabbelt zu mir ins Bett. Zu zweit schmecken die Trauben besser.

»Was liest du da?«, fragt er und betrachtet mein Buch. Es ist ein Bestseller, den ich viel zu selten lese.

»Das ist die Bibel. Soll ich dir was vorlesen?«

»Au ja.«

»Ich lese gerade im Matthäusevangelium. Erinnerst du dich an das Lied von den Pharisäern, das du so magst? Einer dieser Pharisäer hat Jesus gefragt, was Jesus möchte, dass er tun soll. Weißt du, was Jesus geantwortet hat?«

»Was?«

»Er hat gesagt, er soll Gott mit allem lieben, was er hat. Und weißt du, was er noch gesagt hat?«

»Was?«

»Er hat gesagt, er soll andere genauso lieben wie sich selbst. Meinst du nicht, es ist wichtiger, andere zu lieben, als ihnen nur von Jesus zu erzählen? Ich freue mich, dass du Rachael und Jeffrey von Jesus erzählt hast. Aber wenn sie glauben sollen, was du ihnen von Jesus erzählst, dann müssen sie auch sehen, wie lieb du zu ihnen bist. Hab sie lieb, Stephen. Die erwachsenen Christen sprechen oft von *Gesprächen* und *Seelen*. Manchmal ist das so ähnlich wie Brötchen nach jemandem werfen. Aber wir sprechen nur wenig davon, diejenigen zu lieben, die Jesus noch nicht kennen. Wir müssen die Menschen so lange lieben, bis sie uns fragen, warum wir das tun.«

Mein Sohn ist ganz still. Er ist zweifellos beeindruckt von meinen wortreichen Erklärungen. Mal ehrlich – das war doch nicht schlecht. Ich schaue zu ihm hinüber. Er sitzt mit offenem Mund da – aber nicht vor Staunen. Er ist fest eingeschlafen. Vielleicht waren die guten Ratschläge eher für mich gedacht.

Mit gezückter Gabel

Ich bin schon seit fast zehn Jahren Ehemann und kenne natürlich die Bedürfnisse meiner Frau ganz genau. Ich weiß zum Beispiel, dass sie problemlos drei Tage ohne Schlaf auskommen kann, aber nicht ohne Schokolade. Ich weiß auch, dass sie Blumen mag, umsorgt, umworben, beschützt werden will, ein offenes Ohr, saubere Wäsche und Kleider braucht, die ihr passen. Meine tiefsten Bedürfnisse dagegen sind … Pizza.

Es ist Viertel vor fünf, und ich sitze an meinem Schreibtisch und denke darüber nach, dass ich jetzt dringend eine Pizza brauche. Das war mal wieder einer dieser Tage. Der Computer ist abgestürzt und hat die Arbeit des halben Vormittags zunichtegemacht, und seither hat nichts mehr richtig funktioniert. Ich hatte keine Zeit zum Mittagessen, weil sich Abgabetermine bedrohlich nähern und Berichte geschrieben werden müssen. Mein Magen knurrt. Er sagt: »Gib mir Pizza. Ich will Pizza.«

Der kleine Zeiger der Uhr nähert sich schleppend der Fünf, und das Magenknurren verstummt angesichts der Vorstellung, bald nach Hause zu kommen. Zum Abendessen wird es Cola und selbst gemachte Pizza geben, mit Bergen von Salami und Schinken und so viel Käse, dass man die ganze Schweiz damit bedecken könnte. Der Teig am Rand ist locker und knusprig und mit einer kräftigen Prise Oregano gewürzt. Wenn ich nach Hause komme, wird Ramona mich mit frisch gemachten Haaren und gespitzten Lippen an der Tür erwarten. Die Kinder decken mit einem Lächeln auf sauberen Gesichtern den Tisch. »Hallo Papa!«, rufen sie einstimmig. »Wir haben dich so vermisst!«

Nach dem Abendessen wollen die Kinder von selber früh ins Bett. »Damit du mit Mama ein bisschen Zeit alleine hast«, sagen sie. »Du hast bestimmt einen schweren Tag gehabt.«

Als ich das Auto in der Einfahrt parke, merke ich jedoch, dass irgendetwas total schiefgegangen ist. Die halbe Nachbarschaft tummelt sich in unserem Garten. Als ich die Haustüre öffne, entdecke ich die andere Hälfte der Nachbarschaft. Sie fallen über den Inhalt des Kühlschranks her. In der Küche beugt sich Ramona gerade über die Spülmaschine und räumt die letzten Reste des Bestecks aus. Auf dem Tisch liegt ein Berg voll Wäsche, und im Backofen ist keine Spur von Abendessen zu sehen. Ich habe schon öfter einmal etwas gesagt, was die anderen nicht so geschätzt haben. Jetzt ist wieder einmal so ein Moment.

»Na, was gibt's denn zum Abendessen?«, frage ich. »Braten?«

Schweigen.

Ich setze mich vor den Wäscheberg und sage etwas noch Dümmeres: »Und was hast *du* heute gemacht?«

Manchmal macht meine Frau eine blitzschnelle Bewegung. Wie zum Beispiel jetzt. Ramona richtet sich auf und fuchtelt mit einer spitzen Gabel.

»Was ich heute gemacht habe?«

Sie kommt schnell auf mich zu, wobei sie immer noch die Gabel in der Hand hat.

»WAS ICH HEUTE GEMACHT HABE?«

Sie streckt mir ein Blatt Papier hin. So ein Blatt sollte jede Frau haben. Während ich es lese, steht sie hinter mir.

WAS ICH HEUTE GEMACHT HABE

03:21 Uhr	Aufgewacht. Jeffrey aufs Klo gesetzt.
03:31 Uhr	Aufgewacht. Jeffrey wieder ins Bett gebracht.
03:46 Uhr	Dich angestoßen, damit du aufhörst zu schnarchen.
03:49 Uhr	Eingeschlafen.
05:11 Uhr	Aufgewacht. Jeffrey aufs Klo gesetzt.
06:50 Uhr	Wecker hat geklingelt. Überlegt, was ich heute alles erledigen muss.
07:00 Uhr	Wecker hat geklingelt.
07:10 Uhr	Wecker hat geklingelt. Wollte dem Wecker irgendetwas antun.
07:19 Uhr	Aufgestanden. Angezogen. Bett gemacht. Mit Stephen geschimpft.
07:20 Uhr	Mit Stephen geschimpft.
07:21 Uhr	Stephen eine verpasst.
07:29 Uhr	Den Jungs Frühstück gemacht mit Cornflakes, Orangensaft und so was Ähnlichem wie Toast. Mit Jeffrey geschimpft, weil er alles vermischt hat.
07:35 Uhr	Rachael aufgeweckt.
07:48 Uhr	Stille Zeit gemacht.
07:49 Uhr	Vesper für Stephen gemacht. Versucht, Jeffreys Frage zu beantworten: »Wozu braucht Gott die Menschen?« Mit Stephen geschimpft.
08:01 Uhr	Rachael aufgeweckt.
08:02 Uhr	Waschmaschine angemacht.

08:03 Uhr	Steine aus der Waschmaschine geholt.
08:04 Uhr	Waschmaschine angemacht.
08:13 Uhr	Einkaufsliste geschrieben. Versucht, Jeffreys Frage zu beantworten: »Wozu brauchen wir Gott?«
08:29 Uhr	Rachael aufgeweckt (zum dritten Mal).
08:30 Uhr	Stephen bei den Hausaufgaben geholfen.
08:31 Uhr	Stephen in die Schule geschickt. Ihm gesagt, er soll sein Vesper nicht vergessen.
08:32 Uhr	Mit Rachael gefrühstückt. Haferbrei. Den Rest vom Vormittag: Stephen Vesper gebracht. Bücher in Bücherei gebracht. Erklärt, warum ein Bucheinband fehlt. Briefe zur Post gebracht. Eingekauft. Fernseher ausgemacht. Geburtstagsparty geplant. Haus geputzt. Nasen geputzt. Fenster geputzt. Popos abgeputzt. Fernseher ausgemacht. Spaghetti vom Teppich aufgewischt. Spuren von Zähnen vom Käse abgeschnitten. Eulen-Sandwiches gemacht.
12:35 Uhr	Nasse Kleider in Trockner getan.
12:38 Uhr	Hingesetzt und Pause gemacht.
12:39 Uhr	Mit Jeffrey geschimpft. Ihm geholfen, Kleider wieder in den Trockner zu tun.
12:45 Uhr	Freundin versprochen, auf ihr Kind aufzupassen. Harz aus Rachaels Haar geschnitten. Zusage an Freundin bereut. Verschiedene Insekten getötet. Den Kindern vorgelesen. Zehn Fingernägel geschnitten. Kinder nach draußen geschickt. Einkaufstaschen ausgepackt. Blumen gegossen. Boden gewischt. Wassermelonenkerne von Linoleumboden aufgesammelt. Den Kindern vorgelesen.

15:43 Uhr	Stephen ist heimgekommen. Mit Stephen geschimpft.
15:46 Uhr	Pflaster auf Knie geklebt. Arbeitseinsatz zum Kücheaufräumen organisiert.
	Haus teilweise saubergemacht. Berufung in einen Ausschuss angenommen. (Sekretärin meinte: »Sie gehen doch nicht arbeiten. Sie haben bestimmt Zeit.«) Versucht, Rachaels Frage zu beantworten: »Warum sind Jungs anders als Mädchen?« Eine Milliarde weiterer Fragen angehört. Ein paar davon beantwortet. Geschirrspüler ausgeräumt. Kurz an Abendessen gedacht. Kurz daran gedacht abzuhauen.
17:21 Uhr	Mann kommt, will Ruhe, Vollkommenheit und Pizza.

Ich bin fertig mit Lesen, aber Ramona ist noch nicht fertig. »Natürlich läuft nicht immer alles so glatt wie heute«, meint sie – immer noch mit der Gabel in der Faust.

»Noch irgendwelche Fragen?«

Wenn Ramona und ich zu irgendwelchen Veranstaltungen gehen, wird sie oft gefragt: »Arbeiten Sie auch?« Ich bin froh, dass sie dann keine Gabel in der Hand hat. Manchmal wünschte ich, sie würde sagen: »Genau genommen arbeite ich tagsüber, nachts und an den Wochenenden. Und Sie?« Aber das tut sie nicht. Sie ist eine höfliche Frau. Sie praktiziert, was ich predige. Einmal hat sie mir allerdings gestanden, dass sie sich wünschte, auch so schlagfertig reagieren zu können wie eine Frau, die auf diese Frage einmal antwortete: »Ich versuche, drei Exemplare der Spezies Homo sapiens unter Maßgabe der vorherrschenden Werte jüdischchristlicher Tradition zu sozialisieren, damit sie ihren Beitrag leisten, um die bestehende soziale Ordnung in das teleologisch vorgegebene, der Endzeit inhärente Ideal zu transformieren.«

Dann fragte sie: »Und was machen Sie?«

»Ich bin Rechtsanwalt« klingt dann gar nicht mehr beeindruckend.

An dem Tag, an dem mich meine Frau anrief, um mir mitzuteilen, dass sie mit unserem ersten Kind schwanger war, beschlossen wir – nachdem ich mich wieder vom Boden hochgerappelt hatte – auszugehen und das Ereignis zu feiern. An jenem Abend erklärte mir Ramona mit dem Mund voller Schokoladenkuchen, dass sie ihren Job aufgeben und ganz zu Hause bleiben wollte. Zuerst musste ich einmal schlucken. Das würde uns die Hälfte unseres Einkommens kosten, den Traum vom eigenen Haus und dem Urlaub auf Hawaii. Aber ich kann mich nicht erinnern, dem lange nachgetrauert zu haben. Stattdessen feierten wir das neue Leben und überlegten, was wir alles zu geben hatten, nicht, was wir bekommen würden. Einige unserer besten Freunde waren mit unserer Entscheidung nicht einverstanden, aber wir haben es keinen Augenblick bereut. Außer vielleicht, wenn wir es uns nicht leisten konnten, Pizza zu bestellen.

Die schönste Party überhaupt

Meine Frau und ich hatten in unserer übergroßen Weisheit am Dienstagmorgen zehn kleine Jungen eingeladen, um mit ihnen gemeinsam den Geburtstag unseres Sohnes zu feiern. Als Kind habe ich einmal auf meinem Dreigang-Fahrrad mit aller Kraft die Vorderradbremse gezogen, als ich gerade auf einem Schotterweg um die Kurve fuhr. Das war auch keine weise Entscheidung gewesen.

Den Kindern machte es großen Spaß. Sie verbrachten den ganzen Nachmittag damit, sich gegenseitig Wasserballons über ihren Köpfen platzen zu lassen, und als dann Regenwolken aufzogen, flüchteten sie nach drinnen und begannen, unser Wohnzimmer auseinanderzunehmen. Sie fingen mit Großmutters Porzellanvase an. Ramona und ich kratzten uns nur ratlos am Kopf und träumten von den guten alten Zeiten, als man noch nicht die ganze Nachbarschaft einladen musste und als man noch nicht jedem Gast eine teure Tüte mit Süßigkeiten und vielleicht einem Geldschein geben musste.

Neuesten Statistiken zufolge geben Eltern ein Vermögen für die Geburtstagspartys ihrer Sprösslinge aus. Und zwar nur für das Drumherum. Manche buchen einen Clown, mieten einen Erlebnispark und holen sich einen Streichelzoo inklusive Giraffe ins Haus. Das ist kein Witz. In New York hat eine Mutter vor Kurzem ein ganzes Ballett angeheuert, um für ihre 6-jährige Tochter und ihre Freunde die Nussknacker-Suite aufzuführen. Ich frage mich nur, was sie dann beim nächsten Geburtstag macht. Ein Ehepaar hat sich überlegt, wie sie das Wasser in ihrem Swimmingpool gefrieren lassen könnten, um einige Tänzer von Holiday on Ice auftreten lassen zu können. Heutzutage bekommen die eingeladenen Kinder auf Geburtstagspartys mehr geschenkt, als ich bekam, wenn ich das Geburtstagskind war. Ich war als Kind schon froh, wenn meine Eltern überhaupt an meinen Geburtstag dachten. Und da wir fünf Geschwister waren, war ich erleichtert, wenn sie meinen Namen nicht vergaßen. Wenn das jetzt so klingt, als sei ich wütend deswegen, so lassen Sie sich gesagt sein: DAS BIN ICH NICHT!

Während eine Horde 10-Jähriger zum Tisch stürmte, um Feinschmecker-Hotdogs zu verschlingen, öffnete Jeffrey seine große Auswahl an Geschenken. Darunter waren Schokoladenriegel, Lego, Wasserpistolen, ein Fußball, ein Basketball und vier Gutscheine von Videotheken. »Uns ist langweilig«, verkündeten die Kinder, nachdem er das letzte Geschenk ausgepackt hatte. »Holen wir uns ein paar Filme.«

Ich saß da und dachte an die letzte Übernachtungsparty, auf der Jeffrey gewesen war. Er hatte drei Tage lang dunkle Ringe unter den Augen gehabt. »Es war obercool«, hatte er am nächsten Tag erzählt. »Wir sind bis um vier Uhr aufgeblieben und haben Filme geschaut und Nintendo gespielt.«

»Habt ihr euch auch unterhalten?«, hatte ich ihn gefragt. »Habt ihr irgendetwas zusammen gemacht?«

»Nö«, hatte er erwidert, »da gab es vier Fernseher. Es war echt cool.«

Wir waren gerade dabei, die Reste von den Tellern zu kratzen und die Spülmaschine einzuräumen, als die Jungs ihre Wasserpistolen auf uns richteten und verlangten, dass wir ein paar Filme holen sollten. »Wusstet ihr schon, dass Fernsehen die Gehirnzellen abtötet?«, fragte ich sie. »Wenn ihr weiter so viel fernseht, werdet ihr einmal strohdumm sein. In meiner Kindheit hatten wir keinen Fernseher. Deshalb bin ich so schlau.«

Sie starrten mich mit weit aufgerissenen Augen an, als sähen sie zum allerersten Mal einen echten, lebendigen Dinosaurier. »Du hattest keinen Fernseher?!«, fragten sie verblüfft. »Was hast du denn die ganze Zeit gemacht?«

»Gespielt«, erwiderte ich. »Sachen erfunden. Mein Kopf war eben nicht nur dazu da, dass es nicht in den Hals regnet.«

Sie zögerten einen Augenblick und überlegten offensichtlich. Dann sagten sie: »Wir wollen einen Film schauen.«

»Welchen denn?«

Sie konnten sich nicht entscheiden. Die meisten hatten sie schon gesehen. Sie hätten sie aber noch einmal schauen können. Sie wollten in die Videothek gehen und sich dort umschauen. Das habe ich schon einmal gemacht, und ich bin der Ansicht, dass das nicht der richtige Ort für kleine Jungen ist.

Also ging ich mit ihnen nach unten zur Dartscheibe. »Kommt, wir spielen, wer sich den Pfeil in die Stirn sticht«, schlug ich vor. Niemand lachte. Sie schmollten. Sie murrten. Sie dachten an Fernsehen. Also machte ich eine Punktetabelle und ermunterte sie zum ersten Jeffrey-Callaway-Dartwettkampf. Bald erschien wieder ein Lächeln auf den Gesichtern. Als das Eis kam, ließen sie es zerlaufen. Darts spielen war besser als Eis essen. Als es aufhörte zu regnen, gingen wir in den Garten. »Uns ist langweilig«, fingen sie wieder an. »Wir wollen Filme sehen. Ganz viele Filme.«

»Wir könnten Pickle spielen.«

Das kannten sie nicht. Ich erklärte ihnen, dass wir zwei Decken, einen Tennisball, zwei Baseball-Handschuhe und sie selbst brauchten. Wir breiteten an jedem Ende des Gartens eine Decke aus. Zwei von uns zogen die Baseballhandschuhe an und stellten sich auf die Decken. Dann warf ich den Tennisball in die Luft und rief: »LAUFT!«, und alle versuchten, von einer Decke auf die andere zu kommen, ohne von den Fängern abgeworfen zu werden. »Wer dreimal getroffen wird, ist draußen«, rief ich.

Das Spiel fing an. Die Kinder kreischten. Sie rannten panisch hin und her. Sie lachten. Sie rutschten meterweit auf dem nassen Gras, standen auf und rannten, als hätte sie jemand beim Erdbeerenklauen erwischt.

»So viel Spaß habe ich noch nie gehabt«, meinte einer ganz außer Atem, als er zum dritten Mal getroffen worden war. »Das ist die beste Party überhaupt«, keuchte ein anderer. Und er meinte es ehrlich.

Abends, als die Kinder im Bett waren, saß ich im Wohnzimmer und dachte über Geburtstagspartys und Kindererziehung nach. Es ist so einfach, unseren Kindern alles zu geben, was sie haben wollen, und doch nicht das, was sie brauchen. Wir parken sie vor der Flimmerkiste, wo sie Dinge lernen, die wir ihnen niemals beibringen würden. Glauben Sie mir, ich kenne mich aus. Ich habe das auch schon gemacht. Es ist kinderleicht. Es ist bequem. Aber es raubt ihnen ihre Kreativität und tötet ihre Seelen. Die besten Partys sind die ganz einfachen. Die Partys, auf denen gelacht und gespielt wird. Wo Kinder Liebe erfahren und daran erinnert werden, das Beste aus ihrem neuen Lebensjahr zu machen. In genau einer Woche feiert meine Tochter ihren Geburtstag. Ich glaube, ich werde meine Frau an diese Dinge erinnern.

Oh, sie ruft mich gerade von oben.

Sie will, dass ich Großmutters Vase wieder zusammenklebe.

Dame in Blau

Ich habe die Grippe. Die Ärzte nennen es, glaube ich, die Schweinegrippe. Die Symptome reichen von Stimmverlust bis hin zu so großer körperlicher Schwäche, dass man nicht einmal ein Taschenbuch halten kann. Die gleichen Ärzte behaupten auch, dass man an Schweinegrippe nicht stirbt. Im

Moment fühle ich mich aber schon so. Unter Schmerzen und Aufbietung aller körperlichen Kräfte greife ich nach der Fernbedienung.

Eine der Freuden des Kleinstadtlebens ist, dass es praktisch auf jedem Sender schneit – manchmal in Farbe, aber meistens in Schwarz-Weiß. Auf einem der drei Sender, die wir empfangen, hat der Moderator gerade seinen Begrüßungswortschwall beendet, und jetzt dreht sich eine freundlich dreinschauende Dame im blauen Kleid zur Kamera. »Der glücklichste Tag in meinem Leben«, sagt sie lächelnd, »wird sein, wenn meine Tochter zu Hause auszieht. Ich habe von Anfang an bereut, sie bekommen zu haben – seit ihrer Geburt.« Aus dem Publikum kommen vereinzelte Zwischenrufe. Manche Zuschauer klatschen. Der Moderator läuft mit dem Mikrofon in der Hand aufgeregt zur nächsten Zuschauerreihe. In seinen Taschen klimpert es. Das Lämpchen am Mikrofon leuchtet auf.

Mit so viel Ermutigung hatte ich nicht gerechnet. Aber ich habe tatsächlich Menschen gefunden, die noch kränker sind als ich.

Die Regie blendet zurück zu der Frau in Blau. Sie kaut Kaugummi und wippt nervös mit einem Bein. »Hoffentlich schaut ihre Tochter jetzt nicht zu«, denke ich.

Es ist unfassbar, aber ihre Tochter sitzt auch im Publikum. Das ist nicht möglich! Ein 11-jähriges Mädchen mit einer 2-jährigen Mutter. »Meine Tochter weiß, was ich empfinde«, fährt die Dame in Blau fort und kaut weiter lächelnd Kaugummi. »Wir sind ganz ehrlich zueinander.«

Während der Abspann läuft, stimmen andere ihr zu. »Kinder sind eine Qual«, sagt jemand. »Sie machen – einfach – immer Ärger, wissen Sie?« Andere pflichten dem bei: »Ich will einfach nur mein Leben leben ... Bis vor zwei Jahren war ich Krankenschwester. Jetzt muss ich meine berufliche Karriere zurückstellen. Wie soll ich noch vorwärtskommen mit vier Kindern am Rockzipfel?«

Ein frischverheiratetes Paar teilt seine unglaublichen Erkenntnisse mit: »Wir sehen, wie es bei unseren Freunden mit Kindern läuft, und haben beschlossen, dass Kinder großzuziehen einfach zu viel kostet. Wir haben uns entschieden, keine Kinder zu bekommen. Stattdessen fahren wir lieber in Urlaub.«

Während ich mich aus dem Bett lehne und nach dem Eisbecher greife, frage ich mich, wie nach Ansicht dieser Leute die menschliche Rasse fortbestehen soll, und denke über mein eigenes Leben nach. Es wäre gelogen zu sagen, dass Kinderkriegen keine Schattenseiten hat. Drei Kinder futtern die Hälfte unseres Einkommens auf, sagt die Statistik. Und das schon bis zum 15. des Monats! Man kann es drehen und wenden, wie man will, Kinderkriegen ist finanziell gesehen keine kluge Entscheidung. Und das ist noch nicht alles. Wenn meine Kinder nicht wären, würde ich nachts nicht mehr auf Legosteine treten. Ich müsste nicht mehr krampfhaft nach meinem zweiten Schuh oder dem Hammer oder der Fernbedienung suchen. Ganz zu schweigen von den Urlauben, die wir verpasst haben, der Ruhe, dem Frieden, abends ausgehen, Wochenenden zu zweit.

Aber während ich so in Selbstmitleid schwelge, geschieht etwas Seltsames: Ich höre kleine Füße den Flur entlangkommen. Ein kleiner Junge drängt sich durch die Tür, gefolgt von seiner jüngeren Schwester. Auf einem Tablett mit 18 Grad Neigung trägt er mein Abendessen. »Hier ist der erste Gang, Papa«, sagt er. Noch nie hat Buttertoast so gut geschmeckt. Ein paar Minuten später bringt er mir den »letzten Gang«, niest einmal darauf, nimmt seine kleine Schwester an der

Hand und geht leise wieder hinaus. Das Ganze hat offensichtlich seine Mutter inszeniert.

Vor ein paar Tagen haben Ramona und ich auf demselben verschneiten Bildschirm, der jetzt schwarz ist, den Steve-Martin-Film »Vater der Braut« gesehen. Manche der Personen im Film haben mir zwar nicht so gut gefallen, aber George Banks, ein Vater, der sich ständig in Schwierigkeiten bringt, brachte uns beide dazu, hemmungslos zu lachen und zu weinen. George kämpft innerlich mit der bevorstehenden Hochzeit seiner Tochter – mit den Kosten, der ausgefallenen Feier und natürlich mit dem Bräutigam. Aber als er gegen Ende des Films bis in die frühen Morgenstunden des Hochzeitstages wach liegt, gehen ihm Erinnerungen durch den Kopf, wie Bilder in einem Fotoalbum: der Tag, an dem seine Tochter Annie geboren wurde. Ihr erster Schultag. Der Tag, an dem sie Fahrradfahren lernte. Und dann kommt die Szene, bei der ich jedes Mal eine Packung Tempos brauche: Vater und Tochter können beide nicht schlafen. Sie stehen draußen in der Einfahrt, wo sie jahrelang zusammen Basketball gespielt haben. Annie erzählt ihrem Vater, dass sie ihre Sachen gepackt hat, aber dass es ihr schwerfällt, von zu Hause fortzugehen.

»So ist das nun mal im Leben«, meint George. »Überraschungen schleichen sich unbemerkt heran und packen einen dann … das geht mir genauso.« Annie wartet, ob er noch mehr sagt, aber ihr Vater schweigt. »Was ist los?«, fragt sie. »Nichts«, erwidert George. Annie fragt, ob ihm die Kosten der Hochzeit Sorgen machen. »Nein«, meint er. »Ich musste nur gerade daran denken, dass ich mich an diesen Augenblick wohl mein ganzes Leben lang erinnern werde.«

Das Leben ist voll mit solchen Momenten – Momente, in denen uns bewusst wird, dass wir Teil eines viel größeren

Bildes sind als das unseres eigenen kleinen Lebens. Auch wenn ich wohl nie in einer Fernsehsendung von den Momenten berichten werde, die mein Leben verändert haben, so scheint mir der wichtigste Moment meines Lebens jener heiße Maitag im Jahre 1986 zu sein, an dem ich zum ersten Mal in die Augen meines Sohnes blickte. Ich hatte schon andere Babys gesehen. Sie waren immer zerknittert gewesen und hatten einen roten Kopf gehabt. Aber dieses Baby war – nun ja, auch zerknittert und hatte einen roten Kopf. Aber es war ganz besonders schön. Es war mein Sohn. Stephen.

Wir hatten Gott um dieses Kind gebeten, und Gott hatte uns erhört und uns das erste von drei Geschenken gemacht, die Tag für Tag kostbarer für mich werden. Was könnte es Aufregenderes geben, als ihn heranwachsen zu sehen? Ihm Schlittschuhlaufen beizubringen? Oder wie man einen Ball fängt? Oder zuzuschauen, wie er den Baseball über meinen Kopf hinweg schlägt? Wie könnte man die Freude messen, als er eines Tages mitten in einem Ringkampf innehielt, seine Arme um meinen Hals schlang und mir ins Ohr flüsterte: »Papa, ich hab dich lieb.«

»Danke Gott, für das Vorrecht, Eltern sein zu dürfen«, bete ich. »Danke für diese drei Geschenke, die du uns anvertraut hast. Ich lege sie dir wieder hin. Schon bald wird in diesen Räumen nur noch das Echo ihres Lachens zu hören sein. Hilf uns, das Beste aus jedem Moment zu machen, und ziehe sie jeden Tag zu dir hin.«

Die Grippe ist übrigens inzwischen vorbei. Anscheinend habe ich sie meiner Frau vermacht. Gerade habe ich ihr das Abendessen bringen lassen – von einer 3-Jährigen.

Kinderängste

Bei uns ist die Schlafenszeit Geschichtenzeit. Meistens sitzen dann drei Kinder mit ihrem Vater auf dem Sofa, manchmal kuscheln sie sich zusammen unter eine Decke, manchmal essen sie zusammen Eis, und immer lesen sie zusammen ein Buch. Unsere Lieblingsbücher sind die von Dr. Suess, C. S. Lewis und Stephen King. Nein, das mit Stephen King war ein Scherz. Aber manche Menschen sind vielleicht der Ansicht, dass die Geschichten, die ich vorlese, noch schlimmer sind. Immerhin lese ich fast jeden Abend aus den *Horrorgeschichten aus der Bibel* vor. Das ist (noch) kein echtes Buch, aber Stephen King könnte sich vom Alten Testament viel abgucken.

Heute habe ich die Geschichte aus 4. Mose 16 zu Ende erzählt, wo sich die Erde auftut und die Familien von Korach, Datan und Abiram ... na ja, ehrlich gesagt: zerquetscht. Zum Glück beschönigen die Bilder zu der Geschichte die Sache etwas. Aber einige Verhaltenspsychologen würden das als extrem schädliche Inhalte bezeichnen. Stellen Sie sich nur einmal vor, welchen bleibenden Schaden die Seelen kleiner, leicht zu beeinflussender Kinder davontragen könnten. Die Bibel ist voller Gewalt. Man sollte sie verbieten, schreiben sie in ihren teuren Berichten. Und dann gehen sie nach Hause und schauen sich *Dexter* an.

An diesem Abend scheinen sich die Verhaltenspsychologen aber zu täuschen. Schon kurz nachdem ich mit der Geschichte angefangen habe, zum Teil aber auch, weil Michael Cards »Schlafe süß in Jesus« läuft, sind Rachael und Jeffrey fest eingeschlafen.

Vielleicht würden die Wissenschaftler lieber Stephen beobachten. Er ist immer noch hellwach und denkt über Korach, Datan und Abiram nach.

»Papa, erzähl mir die Geschichte von diesen Israeliten noch mal, ja? Bitte.« Stephen sollte eigentlich schon längst schlafen. Das Licht ist aus, die Kassette läuft. Er kuschelt sich an seinen Plüsch-Waschbär. Aber neben ihm sitzt sein Vater in seinem Lieblingssessel. »Papa, erzähl mir von den Israeliten, die von der Erde verschluckt wurden.«

»Na schön …«

»Aber zuerst erzähl mir, wie das war, als ich noch in Mamas Bauch war.«

»Gut. Das war vor etwa vier Jahren. Mama und ich lagen eines Abends im Bett. Ich war schon fast eingeschlafen, als du mich plötzlich in den Rücken getreten hast.«

»Was?« Er bekommt ganz große Augen. Er quiekt auf und lacht. Diese Geschichte wird ihm nie langweilig. »Ich habe dich in den Rücken getreten?«

»Ja, und dann bin ich aufgesprungen und habe mir den Kopf am Nachttisch und den Zeh am Bücherregal angestoßen.«

»Wirklich?«

»Nein, aber alles andere ist wahr. Mama und ich haben ihren Bauch gefühlt, und du hast noch mehr getreten. Wir haben für dich gebetet, wie wir es schon hundert Mal getan hatten. Wir haben Gott für dich gedankt, Stephen, und ihn um ein gesundes Baby gebeten. Und vor allem haben wir gebetet, dass du eines Tages Jesus selbst kennenlernen würdest.«

»Und dann wurde ich geboren?« Dabei drückt er seinen Waschbär.

»Noch nicht. Danach bist du eingeschlafen. Aber Mama noch nicht. Sie hat in dieser Nacht gar nicht geschlafen. Dafür habe ich für uns beide geschlafen. Ich habe geschlafen, während sie herumgelaufen ist. Und am nächsten Morgen wusste ich, dass es Zeit war, ins Krankenhaus zu fahren.«

»Woher hast du das gewusst?«

»Wenn Mama sagt, wir müssen ins Krankenhaus, dann müssen wir ins Krankenhaus. Und du musstest auch ins Krankenhaus. Du hattest beschlossen, dass du jetzt mal sehen wolltest, was eigentlich in der Welt da draußen so los ist.«

»Erzähl mir von den Baseballspielern.«

»Als wir dort angekommen waren, konnte ich es kaum glauben: Genau gegenüber vom Krankenhaus fand ein Baseball-Turnier statt. Ich konnte nicht fassen, dass sie so etwas zuließen. Ich fand, sie sollten alle sofort aufhören und für uns beten. Immerhin sollte gleich ein Baby zur Welt kommen.

Aber an diesem Abend um vier Minuten nach sechs habe ich dich zum ersten Mal an mich gedrückt und geküsst, Stephen. Dann habe ich ein absolut vollkommenes Baby in Mamas Arme gelegt. Ich werde niemals verstehen, wie sie nach all dem noch lächeln konnte, aber ich habe sie nie glücklicher gesehen. Gott hatte uns einen kleinen Jungen geschenkt.«

»Das war ich.«

»Ja, das warst du. Als ich so dastand, dachte ich an die vielen Eltern, die ihre Kinder nicht haben wollten. Und ich erinnerte mich an die Verse aus der Bibel, wo es heißt: ›Du hast mich geschaffen – meinen Körper und meine Seele, im Leib meiner Mutter hast du mich gebildet. Herr, ich danke dir dafür, dass du mich so wunderbar und einzigartig gemacht hast! … Als ich gerade erst entstand, hast du mich schon gesehen. Alle Tage meines Lebens hast du in dein Buch geschrieben – noch bevor einer von ihnen begann!‹

Wir wollten dich haben, Stephen, und wir danken Gott heute noch jeden Tag für dich.«

Er lächelt wieder. Er hat beide Arme fest um seinen Waschbären geschlungen. »Wirst du morgen arbeiten gehen?«, fragt er.

»Ja.«

»Dann bin ich traurig.«

»Du musst nicht traurig sein. Zum Abendessen bin ich wieder zu Hause.«

»Wirst du weglaufen?«

»Nein, Stephen … Warum fragst du so etwas?«

»Manche Papas laufen weg.«

»Wer hat das gesagt?«

»Ich weiß nicht. Irgendjemand hat gesagt, dass sein Papa weggelaufen ist und wegbleibt.«

»Nein, ich werde niemals weglaufen. Ich liebe Mama und euch drei viel zu sehr, um wegzulaufen. Gute Nacht, Stephen. Ich liebe dich.« Ich küsse ihn auf die Stirn und stehe auf, um hinauszugehen.

Er schließt die Augen. »Nacht«, sagt er.

Ich gehe den Flur entlang, um nach seiner Schwester zu schauen.

»Papa?«, ruft Stephen noch einmal.

»Ja?«

»Ist Jesus unter meinem Bett?«

»Jesus ist immer bei dir, Stephen.«

»Wenn Jesus unter meinem Bett ist, dann kann mich die Hexe von Narnia nicht kriegen.«

»Nein, die Hexe kann dich nicht kriegen. Und jetzt gute Nacht. Es ist Zeit zu schlafen.«

»Papa?«

»Ja, Stephen.«

»Du hast vergessen, mir von den Israeliten zu erzählen.«

Von dritten Zähnen und Humor

Ich werde oft gefragt: »Phil, ist das Ihre Nase oder eine Banane?« Hoppla, falsche Frage. Noch mal von vorn. Ich werde oft gefragt: »Phil, woher haben Sie bloß Ihren Humor? Haben Sie den geerbt? Wenn ich Ihnen genug zahle, kann ich ihn dann haben?«

Leider kann man Humor nicht kaufen. Genau wie Armut und eine Glatze ist auch Humor erblich. Man bekommt ihn von seinen Kindern. Manchmal bekommt man ihn auch von seinen Eltern. Im zarten Alter von acht Jahren stellte ich fest, dass mein Vater ein bisschen schräg war. Natürlich konnte er manchmal auch ernst sein – zum Beispiel, wenn ich Nagellack in seine Limo geleert hatte. Aber meistens hatte mein Vater seinen Spaß und war überzeugt, dass Menschen, die viel lachen, die Falten am richtigen Fleck haben, wenn sie in Rente gehen. Mein Vater hätte C. S. Lewis zugestimmt, der einmal gesagt hat: »Als ich ein Mann wurde, habe ich alles Kindliche abgelegt, auch die Angst, kindlich zu sein, und den Wunsch, erwachsen zu sein.« Er war überzeugt, dass der Evangelist Billy Sunday recht hatte, als er einmal sagte: »Wer sich nie freut, dessen Glaube hat irgendwo ein Leck.« Ich glaube, mein Vater musste schwer genug arbeiten, sodass er wusste, wie wichtig es war, auch Spaß zu haben.

Ich war nicht immer dankbar für den Humor meines Vaters. Ich erinnere mich noch daran, wie ich einmal einen Jungen, der neu zugezogen war in der Straße, zum Spielen einlud. Ich wollte ihn beeindrucken, und ich glaube, mein Vater wollte das auch. Mein Vater hatte damals zwar noch Haare auf dem Kopf, aber sie wuchsen fast alle auf einer Seite. Den meisten Menschen fiel das nicht auf, weil er es sich angewöhnt hatte, sie über den Kopf auf die andere Seite zu kämmen. Ich baute mit meinem Freund im Wohnzimmer eine Blockhütte, als er plötzlich innehielt und mir ein Holzstück auf die Finger fallen ließ. »Autsch!«, rief ich, und als ich aufsah, bemerkte ich, dass mein Freund mit großen Augen dasaß und den Mund so weit offen stehen hatte, dass seine Unterlippe fast seine neuen, weißen Turnschuhe berührte. Er starrte meinen Vater an.

Papa benahm sich, als wolle er sich für eine Rolle als Fernsehkomiker bewerben. Er kam mit wirr herunterhängendem Haar ins Wohnzimmer, verdrehte die Augen und ließ seine dritten Zähne heraushängen.

Oh nein!, dachte ich, *wie peinlich! Wie kannst du nur, Papa!*

Ich war mir sicher, dass mein Freund jetzt dachte: Hilfe! Marsmenschen! Bloß weg hier!

Aber das war mein Vater. Er ging auf die Knie und fing an, mich zu kitzeln. Mein Freund wich ängstlich zurück. Als er sich an diesem Tag verabschiedete, befürchtete ich, dass das das letzte Mal war, dass er zu mir zum Spielen kam. Aber ich irrte mich. Gleich am nächsten Tag kam er wieder. Als ich einmal bei ihm zum Spielen war, merkte ich, warum. In der Familie meines Freundes existierte Lachen nur als Begriff im Wörterbuch. Praktiziert wurde es so gut wie nie. Eines Abends saß ich zum Essen bei ihnen am Tisch, als sie aus der Bibel vorlasen und beteten. Ich erinnere mich noch daran, dass ich dachte: *In dieser Familie ist Gott mürrisch.*

Seither sind über 30 Jahre vergangen. Vor einigen Monaten bekam ich von diesem Freund, der inzwischen ein paar Tausend Meilen entfernt wohnt, einen Brief. Er schrieb: »Mach dich auf etwas gefasst. Ich glaube nicht mehr an Gott.« Nun bin ich nicht so naiv zu glauben, dass er sich von Gott abgewandt hat, weil sein Vater so einen unterkühlten Humor hatte. Aber manchmal frage ich mich das doch.

Als meine Frau und ich dann drei kleine, himmlische Geschenke bekommen hatten (innerhalb von ebenso vielen Jahren), wurde immer deutlicher, dass Humor auf der Liste der Dinge, die ich geerbt hatte, weitaus erstrebenswerter war als eine Glatze. Ich bin überzeugt, dass Humor ein wichtiger Bestandteil der Erziehung ist. Wenn Sie anderer Meinung sind, dann rutschen Sie doch einmal mit drei Kindern eine Wasserrutsche hinunter.

Kinder: »Das macht Spaß!«
Sie: »AAAAHHH!«

Letzten Sonntag kam Joel, der Freund meines Sohnes, nachmittags zu uns. Wie alle rücksichtsvollen Kinder wusste er, dass man sich am Sonntagnachmittag ausruht und dass müde Erwachsene dann fest schlafen, und hämmerte mit den Fäusten gegen die Tür.

Ich (als ich verschlafen die Tür öffne): »Hallo Joel. Brauchst du irgendetwas? Vielleicht einen Hammer?«

Joel (mit einem spitzen Stock in der Hand): »Kann ich mit Stephen spielen, Mr. Callaway?«

Ich (mit Blick auf den Stock): »Klar.«

Joel (spießt eine Ameise auf): »Wo ist er?«

Ich (während ich sanft versuche, ihm den Stock abzunehmen): »Er sitzt auf dem Dach und isst eine Banane.«

Joel (geht ein paar Schritte zurück und sieht, dass Stephen nicht auf dem Dach ist): »Ich sehe ihn nicht.«

Ich: »Er kommt gleich runter. Pass auf. Er wird auf der Bananenschale runterrutschen.«

Joel (lässt den Stock fallen und geht auf die Straße, um das zu sehen): »ICH SEHE IHN ABER NICHT!«

Stephen (steht jetzt hinter mir): »Hallo Joel!«

Joel (hebt seinen Stock auf): »Sie haben mich reingelegt, Mr. Callaway.«

Natürlich kann man den Humor auch zu weit treiben. Meine Frau amüsiert sich köstlich über Dinge, die gar nicht lustig sind. Einmal hätte sie zum Beispiel fast meine Lebensversicherung kassiert.

Nach einem ziemlich harten Tag im Büro hatte ich mich auf einen ruhigen Abend zu Hause gefreut – Windeln wechseln und mit drei kleinen Wirbelwinden spielen. Ich musste mit meinem Aktenkoffer voller Bücher nur noch die letzte Biegung in unsere Einfahrt nehmen. Dass ich auf dem Fahrrad saß, erleichterte die Sache allerdings nicht gerade. Sie wissen sicher schon, was jetzt kommt. Das Vorderrad rutschte in die Ritze zwischen Rasen und Gehweg, und ich flog in hohem Bogen in die Büsche.

Es muss sehr lustig ausgesehen haben, denn sofort kam die Frau, die mich mehr liebt als ihr eigenes Leben, aus dem Haus, beugte sich über mich und lachte sich schief.

»Ist alles in Ordnung?«, fragte sie, atmete tief durch und versuchte, nicht zu hyperventilieren.

»Mir geht's gut. Nur mein rechtes Bein«, erwiderte ich. »Aber das kann der Arzt wieder richten. Und die Zähne … aber ich kann mir ja eine Brücke machen lassen.«

Von drinnen schauten uns drei Kinder bei unserer trauten Zweisamkeit zu und drückten ihre laufenden Nasen dabei so fest ans Fenster, dass sie näher an der Scheibe als an ihren Gesichtern waren. »Haha, Papa lustig«, rief einer von ihnen.

Ich weiß nicht, wie viel von dieser Art Humor ich unseren Kindern wirklich vererben möchte, aber eines weiß ich:

Ein Haus, in dem gelacht wird, wird niemals leer sein. Ich bete, dass meine Kinder sich an diesen Ort immer erinnern werden. Wenn ich an meine Kindheit denke, dann bin ich meinen Eltern ewig dankbar, dass sie uns das Lachen gelehrt haben und dass sie mir beigebracht haben, das Lustige im Alltäglichen zu sehen. Es mag vielleicht seltsam klingen, aber bis heute fällt es mir leichter, etwas Ernstes von einem fröhlichen Menschen anzunehmen.

Vielleicht habe ich mich deshalb als Kind vor mein Bett gekniet und etwas getan, das Millionen vor mir getan haben. Ich hatte die Botschaft vom Retter gehört, der mich so sehr liebt, dass er für mich gestorben ist. Und deshalb habe ich ihn gebeten, das Wichtigste in meinem Leben zu sein. Es war einfach naheliegend. Ich hatte diese Botschaft von jemandem gehört, dem ich absolut vertraute − von einer Mutter, die der Ansicht war, das Beste, was sie zu Hause in British Columbia tun konnte, nachdem sie festgestellt hatte, dass sie ihr Gebiss unter einem Picknicktisch auf der anderen Seite des Kontinents, in Seattle, vergessen hatte, war − zu lachen.

Drei Jungs und ein Rasenmäher

Vor Kurzem habe ich eine Geschichte über einen Mann in Wyoming gelesen, der eine Farm-Auktion besuchte und sich gar nicht bewusst war, dass er gleich den Hauptgewinn machen würde. Die Auktion fing an wie alle Auktionen, nämlich indem zuerst der Ramsch versteigert wurde. Ganze Eimer voller Schrauben, Bolzen, Drähte, Muttern und Türgriffe gingen für drei Dollar pro Eimer weg. Also kaufte der

Mann sechs Eimer voll und schleppte sie nach Hause zu seiner Frau, die meinte: »Bring den Müll bloß nicht hier rein«, ihren Tonfall aber ganz schnell änderte, als ihr Mann unter ausgeleierten Gummibändern einen grünlich angelaufenen Penny aus dem Jahre 1856 hervorkramte, der 7.500 Dollar wert war. »Kein schlechter Verdienst für einen Samstag«, sagte er später in den Medien, ging und kaufte seiner Frau einen Wintermantel.

An diesen Mantel musste ich denken, als mein Vater mich am Samstagmorgen aufweckte und zu einem Frühstück mit Rührei und Speck einlud, wenn ich ihn dafür zu einer Auktion begleitete. Ich muss zugeben, dass es die Rühreier mit Speck waren, die mich am meisten lockten. Ich bin in meinem ganzen Leben bisher nur auf zwei Auktionen gewesen, aber die Menge an Zigarettenqualm, die ich dabei eingeatmet habe, hat mich mindestens fünf Jahre meines Lebens gekostet. »Bei diesen Veranstaltungen rauchen sogar Nichtraucher«, meinte mein Vater. »Sie haben Angst, dass ihnen jemand anderes ihre Beute wegnimmt.«

Mein Vater rauchte nicht, aber er kam ein wenig ins Schwitzen, als seine Beute versteigert wurde – ein elektrischer Rasenmäher, auf den er, seit wir angekommen waren, ein Auge geworfen hatte. »Wie neu«, flüsterte er. »Das hat mir die Witwe gesagt.« Die Versteigerung fing bei fünf Dollar an, und als er bei 35 Dollar stand, fing Vater an, an seinen Fingernägeln zu kauen. Bei 45 entstand eine willkommene Pause, und als der Auktionator die 50 Dollar erreicht hatte, nickte Vater ganz lässig, als interessiere es ihn gar nicht wirklich. »Zum Ersten, zum Zweiten und zum …«

»Komm, wir laden ihn ins Auto und fahren nach Hause«, meinte Vater, dessen Nervosität sich in freudige Erregung verwandelt hatte. »Etwas Besseres kommt jetzt nicht mehr.«

Auf dem Heimweg erinnerte ich ihn daran, dass er schon einen Rasenmäher besaß, und er erwiderte: »Ich weiß. Den habe ich für dich gekauft.« Es sei ein Weihnachtsgeschenk im Juni, meinte er, damit ich nicht immer ans andere Ende der Stadt fahren müsse, um mir seinen auszuleihen.

Genau in der Woche, in der wir einen neuen Nachbarn bekamen, hatte ich den Rasenmäher frisiert. Als ich zu ihm ging, um mich vorzustellen, sagte er: »Hallo, ich heiße Vance. Kann ich mir mal Ihre Werkzeugkiste ausleihen?« Und so begann eine sehr bedeutungsvolle Beziehung, die mit der Zeit immer tiefer wurde – und mit allen geliehenen Lebensmitteln, Videos, Katalogen, Büchern und sogar Kleidern. Ja, Vance hatte sich innerhalb von einem Monat so gut wie alles ausgeliehen, was ich besaß – bis auf meinen elektrischen Rasenmäher. »Elektrische Rasenmäher sind für Weicheier«, hatte er mir erklärt. »Ich habe einen Benzinmäher. Einen Rasenmäher für *Männer*. Damit kann man alles schneiden.«

Mir gefiel es gar nicht, wie er das *Männer* betonte, aber ich musste zugeben, dass er recht hatte. Mein Fünfzig-Dollar-Weihnachtsgeschenk war auch zu seinen besten Zeiten niemals sehr gesund gewesen. Im Juli kränkelte es mit jedem Mal, wenn ich den Stecker in die Steckdose steckte, mehr, und im September kamen sogar schon Menschen aus anderen Zeitzonen, um nachzusehen, was das für ein Lärm war. Ich hatte mehr Zuschauer als ein nationales Baseballspiel.

Russischer Ehemann: »Schatz, hast du das gehört?«
Russische Ehefrau: »Ich glaube, das kommt aus Tschernobyl.«

Ganz recht, ich brauchte nur einen Schalter umzulegen, und schon gingen überall in der Stadt die Lichter aus. Und so verbannte ich ihn, ohne meinem armen Vater etwas davon zu sagen, auf den Flohmarkt und hängte ein Schild dran:

»GEBRAUCHTER RASENMÄHER.
MUSS ÜBERHOLT WERDEN.
TRAUM FÜR BASTLER.«

Dann ging ich demütig nach nebenan und lieh mir Vances Rasenmäher.

Er grinste breit, als er mir den Startmechanismus mit dem Zugseil zeigte. »Pass gut auf sie auf«, meinte er. »Sie würde manchmal am liebsten ganz alleine losrennen.«

Vance hatte recht. An diesem Tag mähte ich den Rasen in Rekordzeit und schob den Rasenmäher schon zur Mittagszeit wieder an seinen angestammten Platz zurück. Eine Woche später ging ich wieder demütig nach nebenan, aber diesmal war Vance nicht zu Hause. *Macht nichts*, dachte ich. *Wir sind inzwischen ja gute Freunde. Ich leihe ihn mir einfach aus und fülle den Tank wieder auf, wenn ich fertig bin.*

Nachdem ich so viele Spielzeugautos, Puppen, Eisenbahnen und Bälle von unserem Rasen aufgesammelt hatte, dass ich damit eine ganze Spielwarenladenkette hätte eröffnen können, stopfte ich mir meine leuchtend orangefarbenen Ohrstöpsel fest in die Ohren und zog zweimal kräftig am Starterseil des Rasenmähers.

Er sprang an.

Wenn ich jetzt daran zurückdenke, wird mir klar, ich hätte ihn sofort wieder ausschalten sollen. Ich hätte mir die Ohrstöpsel wieder herausziehen und den Rasenmäher in Vances Schuppen zurückschieben sollen. Stattdessen fing ich an, den Rasen hinterm Haus zu mähen.

Alles ging ganz leicht. Bis ich zu unserem Baumstumpf

kam – einem 15 Zentimeter dicken Kiefernstamm, der fünf Zentimeter aus der Erde ragte. Ein so starker Rasenmäher sollte mit diesem Baumstumpf doch mühelos fertig werden, dachte ich. Die Ohrstöpsel verhinderten offensichtlich jedes klare Denken. Außerdem ist alles, was so weit aus dem Boden ragt, prinzipiell gefährlich für Kinder und sollte daher gestutzt werden!

PENG!!!

Stille. Ich zog am Starterseil. Es ließ sich nicht herausziehen. Ich drehte den Rasenmäher um und begutachtete den Schaden. Sie müssen wissen, dass ich kein Handwerkertyp bin. Ich weiß, dass bei den meisten Autos der Motor irgendwo vorne drin ist, mehr nicht. Aber als ich sah, dass Öl über die Messer lief und das Ding, an dem die Messer festgemacht waren, in einem 45–Grad-Winkel verbogen war, beschloss ich, das zu tun, was mein Vater mir früher jahrelang eingetrichtert hatte: »Philip«, hatte er immer gesagt, »wenn du dir etwas ausleihst, musst du es auch wieder zurückbringen.«

Ich schob den Rasenmäher nach nebenan und stellte ihn an seinen Platz zurück. *Vance ist besser im Reparieren*, dachte ich. *Er kann sich mein Werkzeug ausleihen und ihn wieder reparieren.*

Dann ging ich über die Straße, zu meinem Nachbarn Jim. Jim ist in unserer Straße dafür bekannt, dass er einen recht guten Rasenmäher hat. Aber vor allem ist er dafür bekannt, dass er dichthalten kann.

»Du glaubst ja gar nicht, was mir passiert ist«, erzählte ich ihm. »Ich bin mit dem Rasenmäher gegen einen Baumstumpf gefahren.«

»Auweia«, erwiderte er und verdrehte die Augen. »Das hat man bestimmt bis nach Kairo gehört.«

»Äh, würdest du mir vielleicht deinen Rasenmäher leihen?«

»Klar«, antwortete er, »am besten nehmen wir einen Vorschlaghammer und zertrümmern ihn gleich hier bei mir.«

»Soll das Nein heißen?«

»Ja«, sagte er. »Außerdem weiß ich nicht mehr, wo ich ihn hingestellt habe.«

Noch am gleichen Tag musste ich dringend auf eine fünftägige Geschäftsreise gehen.

Als ich zurückkam, erwartete Vance mich schon in der Einfahrt.

»Hallo, mein Lieber«, sagte ich, »ich habe dir einen Schokoriegel aus Washington, D. C. mitgebracht.«

Er kam direkt zur Sache. »Kann ich mal deine Taschenlampe ausleihen?«

Uff! Alles ist in Ordnung, dachte ich. *Alles ist wie immer.*

»Natürlich. Ich hole sie dir.«

Also holte ich sie. Aber als ich ihm die Taschenlampe gab, signalisierte Vance mir, ihm zu folgen. »Komm mal mit«, sagte er, und ich wusste, dass ich in Schwierigkeiten war.

Sie müssen wissen, dass Vance kräftiger ist als ich. Um es mit einem bildhaften Vergleich zu sagen, sieht der eine von uns aus wie ein Football-Spieler und der andere wie ein Jockey. Wir waren gerade auf dem Weg in unseren Garten, als Vance anfing, mir mit der Taschenlampe eins überzuziehen. Langsam sank ich in der Dunkelheit zu Boden. Nein, nicht wirklich. Aber ich fragte mich ernsthaft, ob das nicht gleich geschehen würde. Stattdessen führte Vance mich zu dem Baumstumpf. Er hatte allen Ernstes ein gelbes Polizeiabsperrband um den Baumstumpf gespannt, Ketchup darauf geleert und mit weißer Sprühfarbe die Umrisse eines Rasenmähers auf den Boden gesprüht.

»Wir haben einen Tatverdächtigen«, sagte Vance lächelnd.

»Was heißt *wir*?«

»Jim und ich.«

Jim kam ziemlich kleinlaut hinter einem Baum hervor. »Hallo!«, sagte er.

Dann führten mich die beiden in den Garten, wo aus einem Erdhaufen nur noch der Edelstahlgriff eines Rasenmähers herausschaute. Ein großer grauer Stein kennzeichnete die Stelle. Auf dem Stein war eingraviert:

Hier ruht Mr. Mäher

★

1982–1992
Das Leben wurde ihm genommen
von einem, der leichtfertig nahm.
Nie wieder wird er mähen,
was das Leben an Gras ihm schenkt.

Ich weiß nicht, was Sie für Freunde haben, aber ich wünsche Ihnen wirklich solche Freunde, wie ich sie habe. Freunde wie James, Kevin und Harold – ja sogar wie Jim und Vance. Freunde, mit denen ich lachen kann. Freunde, die schlau genug sind, um nicht nach dem perfekten Freund zu suchen. Freunde, denen ich genug bedeute, dass sie mir die Wahrheit über mich selbst sagen. Und Freunde, die bereit und fähig sind … zu vergeben.

Es wird Zeit, dieses Kapitel zu beenden. Außerdem muss ich jetzt wirklich gehen. Das Telefon klingelt. Das könnte mein Vater sein, der morgen mit mir zu einer Auktion gehen will. Oder es könnte Vance sein, der die nächste Rate für seinen Rasenmäher haben will.

Kinder im Reich Gottes

Lange Zeit waren meine Prioritäten etwas verdächtig. So kam zum Beispiel Baseball vor Golf und Hockey vor Baseball und … dann fällt mir nichts mehr ein, was noch davor kam. Wie bei vielen Jungs in Kanada war Sport mein Ein und Alles. Im November schnallten mein Bruder und ich uns die Schlittschuhe unter, und da blieben sie so lange, bis es meiner Mutter Ende März gelang, sie uns wieder abzunehmen. Im Sommer rannten wir tagelang allem hinterher, was man mit dem Fuß schießen, rollen, schieben oder werfen konnte. Abends veranstalteten wir Sportsendungen mit Zuschaueranrufen und träumten von einer ruhmreichen Zukunft.

Wenn man dann selbst Kinder hat, hilft einem das natürlich, seine Prioritäten neu zu ordnen. Das begann für mich am unwahrscheinlichsten aller Orte: dem Golfplatz.

Ich hatte mein vertrautes 3er Eisen fest im Griff und konzentrierte mich auf den Ball. Vor mir breitete sich das sorgsam gepflegte Grün des ersten Loches aus. Hinter mir stand mein Sohn. Diesen Sommer hatte ich mir eine Mitgliedschaft gekauft und ein 7er Eisen abgesägt, in der Hoffnung, meinem Sohn alles über diesen Sport, den ich so liebe, beizubringen, was man wissen muss. Da man Golfspielen am besten durch Abgucken lernt, machte ich es ihm vor und hoffte, dass er es nachmachen würde. Ich war zuversichtlich, selbstbewusst und sicher.

»Schau her, Stephen«, sagte ich.

Ich suchte einen festen Stand, schwang den Schläger zurück und schlug dann mit einer geschmeidigen, geübten Bewegung meinen nagelneuen, guten Golfball in den dreckigsten Bach diesseits des Amazonas. Ich war kein sehr glücklicher Golfer.

»Ist er im Wasser gelandet?«

»Ja, Stephen.«

»Macht man das so?«

»Äh … nicht ganz. Ich probiere es noch mal.«

Einige Löcher und ein Dutzend Bälle später wurde mir klar, dass mein Sohn einen Ball mit dem Fuß weiter schießen konnte, als ich ihn abschlug. Mir wurde auch bewusst, dass ich das Ganze vollkommen falsch anging. *Wenn er eine Liebe zum Sport entwickeln soll,* dachte ich, *dann sollte er vielleicht jemandem zuschauen, der etwas davon versteht.*

Und so fanden wir uns beide einige Tage später mitten unter mehreren Tausend Baseballfans wieder, die bei einer 9 : 1-Niederlage nach einem Silberstreifen am Horizont suchten.

»Siehst du, Stephen, das ist der Werfer. Er schaut zum Fänger, und der Fänger wird jetzt gleich mit den Fingern wackeln.«

»Hä?«

»Er sagt dem Werfer damit, wie er den Ball werfen soll.«

Mein Sohn schaut aufmerksam zu. Er beobachtet den Mann mit der großen Kiste auf dem Kopf, der mit dem Megafon ständig »POPCORN, NÜSSE, SÜSSIGKEITEN, BIER« ruft.

»Papa, was ist Bier?«

»Äh, nun ja, Bier ist …« Jetzt ist seine Aufmerksamkeit auf das Mannschaftsmaskottchen gerichtet. Das katzenähnliche Wesen kommt auf uns zu und ist von Dutzenden von Kindern umringt, die einmal von ihm gedrückt werden wollen. Stephen rutscht neben mir immer tiefer in seinen Sitz. »Den mag ich nicht«, sagt er. Aber dafür mag er alles, was es zu essen gibt, umso mehr. Und es gibt jede Menge zu essen: Popcorn, Erdnüsse, Orangenlimo. Und es ist auch nur etwa dreimal so teuer wie normalerweise. Als mir allmählich das Geld ausgeht und es inzwischen auch 11 : 1 steht, steuern wir auf den Ausgang zu.

Für den Kleinen war es ein großer Tag. Aber während wir in unserem Ford Richtung Heimat steuern, nehmen die Fragen kein Ende. Er lenkt das Gespräch von Eis über Bier auf Baseball, Löwen und schließlich auf Jesus.

Seit die einzige Tochter meines besten Freundes vor einigen Monaten bei einem Unfall ums Leben gekommen ist, verblüfft er mich mit seinen Fragen immer wieder. »Papa, wenn Janella jetzt im Himmel ist«, fragt er, »hat sie dann auch Wunden von den Nägeln in den Händen?«

»Nein«, erkläre ich. »Jesus hat die Wunden von den Nägeln in seinen Händen, damit wir sie nicht haben müssen. Janella ist bei Jesus ... Ob sie seine Wunden wohl gesehen hat?«

Aber der Junge ist noch nicht fertig. »Wenn die guten Menschen in den Himmel kommen, wohin kommen dann die bösen?«

»Nun ... weißt du den Vers noch, den wir immer abends beim Schlafengehen aufsagen? ›So sehr hat Gott die Welt geliebt, dass er seinen einzigen Sohn gab, damit alle, die an ihn glauben, nicht verloren gehen, sondern das ewige Leben haben.‹« Er spricht den Schluss mit. »Wenn wir glauben, dass Jesus für unsere Sünden gestorben ist, dann schreibt er unsere Namen in sein Buch, und wenn wir dann sterben, werden wir bei ihm sein.«

»Aber wo kommen die bösen Menschen hin?« Normalerweise hört Stephen nicht so aufmerksam zu.

»In einem anderen Bibelvers heißt es, dass diejenigen, deren Namen nicht in Gottes Buch stehen, an einen Ort gehen werden, der Hölle heißt.«

»Was ist eine Hölle?«

»Das wird der traurigste Ort sein, den du dir vorstellen kannst, weil Jesus nicht dort sein wird.«

»Da will ich nicht hin.«

»Das musst du nicht. Du kannst in den Himmel kommen.«

»Wie denn?«

»Sag Jesus einfach, dass es dir leidtut, dass du ein Sünder bist. Hast du einmal etwas Böses getan?«

Er hält inne. »Ich habe Rachaels Puppe den Kopf abgerissen und ihn in die Mülltonne geworfen.«

Ich halte inne. »Dann kannst du Gott jetzt sagen, dass dir das leidtut und dass du froh bist, dass er für deine Sünden gestorben ist. Und du kannst ihn bitten, in dein Leben zu kommen und so zu leben, wie er es möchte.«

»Gut. Du musst mir dabei helfen.«

Als wir fertig sind mit Beten, jubelt mein Herz.

»Papa, spiel Scott Wesley Brown.«

Ich greife zum Kassettendeck.

»Glory, Halleluja, sieh, was Gott getan«, singt Scott. Stephen trommelt im Rhythmus mit den Füßen, und mir läuft verstohlen eine Träne übers Gesicht. Es ist einer der Momente, die Eltern nie vergessen, für die sie beten, in denen die Engel im Himmel feiern und ein Name ins Buch des Lebens geschrieben wird – mit Blut und für immer.

Ich kann mir vorstellen, wie jetzt manche von Ihnen sagen, Stephen ist zu jung. Ein 4-Jähriger kann noch nicht genug verstehen, um eine Entscheidung für die Ewigkeit zu treffen. Vielleicht haben Sie recht. Aber ich bin überzeugt, dass er diesen Entschluss erneuern wird, wenn er mehr davon begreift. Für den Moment bin ich einfach dankbar, dass er auf jene Stimme gehört hat, die uns allen zuruft: »Wenn ihr nicht werdet wie die Kinder, könnt ihr nicht ins Himmelreich kommen.«

Als ich ihn am Abend ins Bett bringe und mit ihm bete, hat er immer noch Fragen.

»Papa, werden wir im Himmel Baseball spielen?« Sein Lieblingslied ist zu Ende, aber seine Fragen noch lange nicht.

»Würdest du das gerne tun?«

»Mhmm.«

»Ich glaube schon. Und vielleicht werden wir auch Golf spielen. Aber weißt du was, Stephen? Ich habe heute etwas gelernt.«

»Was denn?«

»Ich habe gelernt, dass es Dinge gibt, die viel besser sind als Baseball. Schau mal, ein Baseballspiel geht immer nur über neun Innings, und einer verliert immer. Der Himmel dauert ewig, und alle gewinnen dort.«

»Das gefällt mir«, meint er.

»Mir auch. Und, Stephen … du musst Rachael das mit ihrer Puppe sagen.«

Er zieht die Augenbrauen hoch, aber dann lächelt er. »Okay«, sagt er. Und als ich wenige Augenblicke später neben ihm sitze und ihm übers Haar streiche, ist das jüngste Kind in Gottes Reich fest eingeschlafen.

Schöne Ferien

Bis letzte Woche habe ich mich immer auf den Sommerurlaub gefreut. Als Junge habe ich mich sogar schon Anfang September darauf gefreut, wenn Mr. Kowalski anfing, die

Matheaufgaben auszuteilen. Wenn es dann Juli war, hatte mein Vater ein hoch kompliziertes Verfahren entwickelt, um ein Urlaubsziel auszuwählen. Sobald wir alles gepackt hatten, fuhr er bis zu einer großen Kreuzung bei uns im Ort und ließ uns dann abstimmen. »Wer will alles nach links? Und wer will nach rechts?«, fragte er.

Manchmal landeten wir dann in Billings, Montana und manchmal in Gnome, Alaska. (Gnome war einer der ganz wenigen Orte, an denen wir keine Verwandten hatten, und so blieben wir nie sehr lange dort.)

Wir hatten auch unsere Methode, um mit dem Auto zu verreisen. Vaters persönliches Ziel war es, durch ganz Kanada zu fahren, ohne ein einziges Mal an einer Toilette anhalten zu müssen. Alle paar Stunden sagten wir ihm, dass wir mal »mussten«, aber er erwiderte nur: »Hä? Habt ihr was gesagt? Seit dem Krieg höre ich nicht mehr so gut.« Einmal langte Mutter rüber und drehte einfach den Zündschlüssel um. Da hielten wir an der nächsten Raststätte an. Vater sagte kein Wort. Manchmal bot meine Mutter an, ein Stück zu fahren, obwohl sie wusste, dass Vater sie nur fahren lassen würde, wenn er plötzlich auf beiden Augen blind wäre und einen Herzinfarkt hätte. Meine Schwester und ich vertrugen uns auf diesen Fahrten nicht immer. Wir saßen auf dem Rücksitz und kniffen und piesackten uns gegenseitig. Bis heute ist es für mich noch ein Wunder, dass unsere Eltern uns nicht einfach in den Kofferraum steckten und das Auto stehen ließen.

Da ich überzeugt war, dass eine gute Vorbereitung der Schlüssel war, bereitete ich im vergangenen Mai unseren Sommerurlaub sorgfältig vor. Ich fand eine Broschüre, die genau den richtigen Titel hatte: »Übernachtung mit Frühstück im Hotel Horizont. Verbringen Sie den Rest Ihres

Lebens bei uns.« Auf dem Titelblatt war eine wunderschöne Ferienhütte am Rand eines Sees abgebildet. »Mitten im Herzen der kanadischen Rocky Mountains können Sie barfuß durch Kirschhaine gehen, atemberaubende Sonnenuntergänge sehen, Strandspaziergänge machen und sich auf den Wasserrutschen vergnügen«, verkündete sie. Als ich feststellte, dass in der Nähe auch noch ein McDonalds war, war die Sache gebongt. Was sollten wir sonst noch brauchen?

Ich zeigte den Prospekt meiner Frau, die gerade von einem kleinen Kind überfallen wurde, das Erdnussbutter genascht hatte. »Was meinst du dazu?«, fragte ich.

»Ich glaube, das ist eine gute Idee. Nach diesem Jahr könntest du ein bisschen Erholung brauchen.«

Ich rief an.

»Ja«, sagte die Stimme im Hörer, »im Juli haben wir noch etwas frei … wie bitte? Ja, natürlich. Bringen Sie die Kinder mit. Es wird ihnen gefallen hier. Wir sind auf einer kleinen Farm. Wir haben ein paar Kühe, Schaukeln … Wie bitte? … nein, keine Bären. Zumindest habe ich noch nie Bären gesehen … SCHATZ, HAST DU SCHON MAL BÄREN GESEHEN? Nein, keine Bären. Nur Kühe … Wie bitte? … Einen Moment. IST DAS HAUS KINDERSICHER, SCHATZ? Ja. Es ist kindersicher. Wir hatten schon öfter Kinder hier. Außerdem haben wir selbst Enkel, wissen Sie.«

»Das nehmen wir.« Ich legte auf und drehte mich zu meiner Frau um. »Es ist kindersicher«, sagte ich. »Wie Fort Knox oder Alcatraz.«

Als es Juli war, fuhren wir zu fünft über den Highway zu einer schnuckeligen, kindersicheren Ferienhütte in den Bergen. »Kannst du dich noch an unsere Urlaube erinnern, bevor wir Kinder hatten?«, fragte ich Ramona. »Wie viel Platz da im Auto war. Wir hörten die Musik, die uns gefiel.

Wir brauchten kein Ohropax.« Und dann dachte ich über das nach, was mir persönlich gefiel und dass ich Erholung nötig hatte. *Den Kindern ziehen wir Windeln an,* dachte ich, *aber manchmal muss ich auch ein bisschen in Watte gepackt werden.*

»Haben wir irgendwas vergessen?«, fragte ich laut.

»Was denn?«

»Zum Beispiel Windeln?«

»Nein, Windeln haben wir dabei.«

»Und was ist mit einem extra Pack Windeln?«

»Ja, wir haben auch einen extra Pack Windeln.«

»Und extra dicke Windeln?«

»Ja, wir haben auch extra dicke Windeln.«

»Und Spiele? Kassetten? Bücher? Lego? Stofftiere? Apfelschnitze?«

»Ja.«

»Und die Kinder?«, fragte ich. »Haben wir die Kinder auch dabei?«

300 Pinkelpausen später, als es langsam dunkel wurde, kamen wir an einem der schönsten Flecken Erde an, die es gibt. Es war noch schöner als im Prospekt. *Callaway,* dachte ich im Stillen, *wenn du hier nicht schlafen kannst, dann kannst du nirgends schlafen.*

»Lass mich ausschlafen«, sagte ich zu meiner Frau, als wir ins Bett gingen. »Ich muss mich ausruhen.«

»KRACH!« Es ist Morgen, und ich sitze senkrecht im Bett. »Was war das?« Verschlafen gehe ich nach unten zum Ort des Verbrechens. Rachael, unserer 2-Jährigen, geht es gut, aber sie schaut mit einem unschuldigen Grinsen zu mir auf.

»Was ist passiert, Rachael?«

»Ganix.«

Aber hinter ihr deutet alles darauf hin, dass eben doch et–

was passiert ist. Dort liegen die Scherben einer kostbaren Cowboy-Statue am Boden. Zumindest war sie einmal kostbar. »Was machst du da?«, frage ich verärgert.

»Peng!« Dabei gestikuliert sie mit den Händen.

Es ist eine Sache, zu Hause etwas Teures kaputt zu machen – was schon vorgekommen ist –, aber wenn man wo anders zu Gast ist … »Ich schätze, wir haben soeben eine Statue gekauft«, sage ich laut.

Als ich wieder im Schlafzimmer bin, bin ich sauer. Sehr sauer. Nach einer achtstündigen Fahrt und einer kurzen Nacht sind wir alle etwas kaputt. Und jetzt das. Wem könnte ich die Schuld daran geben? Ramona kommt herein. »Wo warst du?«, frage ich.

»Die Jungs sind fast von einer Kuh niedergetrampelt worden!«

»Ich habe mich seit Wochen auf diesen Urlaub gefreut, und jetzt das! Die Dinger kosten HUNDERTE VON DOLLAR.«

»Kühe?«

»Nein, Reiterstatuen.«

»Ist das meine Schuld?«

»Ich dachte, du passt auf sie auf.«

»Habe ich auch«, erklärt sie. »Aber ich kann nicht überall gleichzeitig sein. Es ist zehn Uhr. Wo warst du?«

»Im Bett«, erwidere ich. »Ich bin müde. Es war eine lange Fahrt.«

»Du hast mich ja nicht fahren lassen«, sagt sie. »Und weißt du was? Im Urlaub bist du immer so. Warum entspannst du dich nicht einfach? Nimm's nicht so ernst. Wir frühstücken jetzt und gehen dann zu den Wasserrutschen.«

Ach ja, die Wasserrutschen. Dort kann ja wohl nichts schiefgehen.

»Ich pass auf die Kinder auf, Ramona. Wie wär's, wenn du Eis für uns alle holst?« Wir sind seit einer Stunde in der Sonne, aber meine Gedanken sind immer noch unterkühlt.

Im Bereich für Kleinkinder sind drei flache Becken, eins ganz oben, eins ganz unten und eins in der Mitte. Sie sind alle von weißen Felsen umgeben und durch Rutschen miteinander verbunden.

»Stephen«, sage ich zu meinem Ältesten, »du nimmst Rachael und Jeffrey und gehst mit ihnen zum obersten Becken. Dann lässt du sie runterrutschen. Ich fange sie unten auf.« So erteilt General Phil seine Befehle.

»Okay«, sagt er. Das ist einfach.

Ich stehe im untersten Becken bis zu den Knien im Wasser und genieße schon fast den Anblick der drei, wie sie Hand in Hand nach oben gehen. Als sie beim obersten Becken angekommen sind, rufe ich: »Okay, jetzt lass sie rutschen.«

Stephen setzt Rachael auf die Rutsche und lässt sie los – aber es ist die falsche Rutsche! Ich stürze aus dem Becken, renne über die Felsen und hechte zu ihr, um sie im letzten Augenblick noch zu fangen. Sie grinst übers ganze Gesicht. Die Badeaufsicht ruft: »He, Sie, runter von den Felsen!«

»Lustig, Papa«, sagt Rachael. Ich finde es gar nicht lustig.

Als ich nach oben schaue, sehe ich, wie Stephen seinen kleinen Bruder auf die *andere* Rutsche setzt, die falsche. »Nein, Stephen! Nicht loslassen!«, schreie ich.

Er lässt ihn los.

Und da kommt Jeffrey ... auf dem Rücken ... auf das unterste Becken zu ... und sieht die Wolken vorbeiflitzen. Spritzend renne ich aus dem mittleren Becken, falle der Länge nach ins Wasser, klettere wieder über die Felsen. Wiederholung.

»HE!«, schreit die Badeaufsicht, »SIE SOLLEN NICHT ÜBER DIE FELSEN LAUFEN!« Die zahlenden Gäste drehen sich zu mir um. »Verrückter Kerl«, sagt der Typ in der neongrünen Badehose.

Ich koche, als ich in das untere Becken stürze. Jeffrey ist schon untergegangen und schaut mich mit Riesenaugen an, als ich ihn panisch aus dem Wasser ziehe. »Alles in Ordnung, Jeffrey?« Er hustet zweimal und lächelt, als wolle er sagen: »Was ist dein Problem, Papa? Wir sind im Urlaub.«

Während ich das schreibe, ist unser Urlaub schon wieder vorbei. Früher als geplant. Die 300 Dollar für die bronzefarbene Reiterstatue hatten wir eben nicht mit eingerechnet. Wahrscheinlich brauchte ich die Zeit einfach, um meinem Vater zu helfen, die Statue wieder zusammenzukleben. Sie steht jetzt am anderen Ende des Zimmers und wird von Klebstoff und Farbe, die nicht ganz den richtigen Ton hat, zusammengehalten. Wenn ich sie mir jetzt so anschaue, merke ich, dass die Statue … vielleicht – aber nur vielleicht – jeden Cent wert war. Der Reiter sitzt neben seinem Pferd, spielt Mundharmonika und starrt mich an. Jedes Mal, wenn ich ihn in den letzten Tagen aus dem richtigen Winkel angeschaut habe, schien er mir etwas zu sagen. Er spricht Cowboyslang und sagt: »He, du Weichei, was hast du eigentlich erwartet? Hast nur an dich gedacht, als ihr losgezogen seid, was?«

Ich lasse den Kopf hängen.

»Hast du gedacht, deine Frau ist nicht müde? Hättest besser mal an sie gedacht, Partner. Und an die Zwerge. Wenn du das nächste Mal losziehst, denk erst an die anderen, dann läuft es auch für dich besser, hundert pro.«

Ich habe schon überlegt, die Statue wieder kaputt zu

schmeißen. Sie redet zu viel. Aber ich kann mich einfach nicht dazu überwinden.

Er quatscht schon wieder. »Wenn einer ganz in sich selbst verwickelt ist, ist er ein ziemlich mickriges Päckchen«, sagt er. Ich glaube, ich sollte auf ihn hören.

Es geht bergab

»Ich glaub, ich werd wahnsinnig.«

Das sagt meine Frau. Von meiner Position aus – hinter einem Schinken-Käse-Toast – scheint ihre Stimme hinter einem Wäscheberg hervorzukommen, der zum größten Teil aus wiederverwendbaren Windeln besteht.

»Warum solltest du das tun?«, frage ich. »Ich kenne Mütter mit sieben Kindern, die jederzeit mit dir tauschen würden.« Das war kein guter Witz. Schlechtes Timing. Der Wäscheberg antwortet nicht.

Ich glaube, ich weiß, warum nicht. Vor vier Jahren haben wir unseren letzten Urlaub alleine genossen. Wir haben gelacht, geredet, geschlafen und Golf gespielt. Aber als ich jetzt so hinter meinem Sandwich sitze, habe ich das Gefühl, dass wir uns seither kaum noch unterhalten haben.

»Wie wäre es mit zwei Wochen auf den Bahamas?«, meine ich scherzhaft. »Wir könnten uns das Geld von deinen Eltern leihen.« Das ist jetzt kein Witz mehr.

»Irgendwas müssen wir tun«, erwidert der Wäscheberg. »Ich bin so müde wie ein Tausendfüßler nach einem Stepptanz-Wettbewerb.«

An diesem Abend telefoniere ich heimlich. »Ja«, flüstere ich, »nur für eine Nacht. Meinst du, du hältst es so lange aus?«

»Kein Problem«, antwortet meine Mutter. »Erinnerst du dich noch an die Schürze, die du mir geschenkt hast? ›Großeltern sind zum Liebhaben und Babysitten da.‹«

24 Stunden später fahren wir in die nächstgrößere Stadt – nicht zum Flughafen, sondern zu einem Hotel, das ein Entspannungswochenende anbietet.

»Ein Tisch für zwei, Sir?«

»Ja, nur für zwei.« Ah, es tut so gut, das zu sagen.

»Raucher oder Nichtraucher?«

»Ohne Gasmaske, bitte.« Unser Gastgeber findet das nicht lustig. Ich habe die kleine blau-weiße Schachtel in seiner Hemdtasche übersehen.

Als wir uns gesetzt haben, sehen wir uns um. »Das ist nett hier«, meint Ramona, was übersetzt so viel heißt wie: »Ich sehe keine Kinderstühlchen oder Schnuller. Niemand sabbert. Niemand schreit. Niemand beißt seine Schwester. Nur ein paar Erwachsene und ein Tisch für zwei.« Sie hat recht.

Wir sitzen schweigend da und schauen uns durch zwei gelbe Rosen hindurch an. Ich mag es, wie das Kerzenlicht sich in ihren Augen spiegelt.

»Ich kann es immer noch nicht glauben, dass du dich in mich verliebt hast«, flüstere ich grinsend.

Sie lächelt.

Ehrlich gesagt war ich es, der sich zuerst verliebt hat. Wir lachen beide, als ich von einem ganz besonderen Skiausflug vor sieben Jahren erzähle. Es war der Tag, an dem ich mich verliebte.

Wenn Sie schon einmal so leichtsinnig waren, sich an einem Skihang in den kanadischen Rockys zu versuchen, dann wissen Sie, dass man nicht nur versuchen muss, beide Ski in die gleiche Richtung zu dirigieren, sondern sich auch noch einigen anderen Hindernissen gegenübersieht, wie zum Beispiel auf dem Rücken zu liegen, während kleine Kinder lachend an einem vorbeifahren. Manche Menschen glauben, dass Skistöcke dazu da sind, dass man besser die Balance halten kann. Ich glaube, es hat sie jemand erfunden, der es satthatte, dass kleine Kinder an ihm vorbeisausen, und der etwas haben wollte, um nach ihnen zu stechen.

Wir hatten uns Lake Louise ausgesucht, einen Ski-»Hügel« in den Rocky Mountains. Als ich aus dem Auto stieg, bemerkte ich, dass man den Gipfel gar nicht sehen konnte. Der Skilift musste wohl in einer anderen Zeitzone enden, oder vielleicht sogar auf dem Mond.

Skifahrer 1: He, hast du Frank gesehen?
Skifahrer 2: Ja. Er ist mit Neil Armstrong hochgefahren.

Unglücklicherweise gehöre ich zu den vertrauensseligen Menschen. Und weil ich glaubte, dass so viele Touristen sich unmöglich irren konnten, folgte ich meinen potenziellen angeheirateten Verwandten zu einer langen Schlange von Skifahrern, die erwartungsvoll auf den Lift warteten. Während ich am Ende der Schlange stand, verlor ich die Kontrolle über meine Ski und hätte beinahe die Lebensversicherungen von einem Dutzend anderer Skitouristen eingelöst.

Jetzt klingt dieser Dominoeffekt lustig, aber als sie mir mit ihren Skistöcken drohten, gab es nichts zu lachen.

Nachdem ich mir den Schnee abgewischt und allen mein Beileid bekundet hatte, kletterte ich unbeholfen in den Sessellift. Während wir den Berg hinauffuhren, kam mir nie der Gedanke, dass ich ja – falls wir unser Ziel überhaupt je erreichen sollten – keine Ahnung hatte, wie ich hier wieder rauskommen sollte. Meine potenziellen angeheirateten Verwandten und die Person, bei der ich Eindruck schinden wollte, waren schon vorausgefahren und ließen mich einfach aus Erfahrung klug werden.

»Er kann ziemlich gut Schlittschuh laufen«, hörte ich einen von ihnen sagen. »Das hier sollte kein Problem für ihn sein.«

»SKISPITZEN HOCHHALTEN«, warnte mich ein Schild deutlich. Also hielt ich meine Skispitzen hoch. Dann sah ich zu, wie die Fremden links und rechts von mir ausstiegen. Das sah gar nicht so schwer aus. Aber als ich sie genug bewundert hatte, hätte ich für den Absprung schon ein Bungeeseil gebraucht, und zu allem Überfluss bewegte der Sessel sich immer noch weiter. Also tat ich das Naheliegende. Ich drehte mich um, ließ mich langsam aus dem Sitz gleiten und hielt mich an der Sitzkante fest. Aus dieser Perspektive beobachtete ich dann, wie sich die Mondoberfläche immer weiter von meinen Skiern entfernte.

Ich hoffe doch sehr, dass man das Ding auch anhalten kann, dachte ich. *Wenn nicht, wird es ganz schön ungemütlich, so wieder runterzufahren.* Als die Liftaufsicht anfing, in voller Lautstärke Worte zu rufen, die ich hier besser nicht wiedergeben sollte, tat ich das, wofür andere Menschen mit einem langen Seil an den Füßen 59,95 Dollar zahlen: Ich sprang.

Ich kann nicht genau sagen, wie lange es dauerte, bis ich vor lauter Skifahrern mit aufgerissenen Mündern auf dem Boden aufschlug.

Dann hörte ich sie lachen. Oh, wie ich dieses Lachen liebte!

War es tatsächlich so lustig, oder war sie nur erleichtert, dass ich noch lebte? Ich war mir nicht sicher. Genauer gesagt, war ich mir nicht einmal ganz sicher, ob ich noch lebte. Aber als sie herüberkam, um mir aufzuhelfen, merkte ich, dass ich mich bis über beide Ohren in sie verliebt hatte.

Wenn ich gewusst hätte, dass die Chancen, heil diesen Berg hinunterzukommen, größer waren, als dieses Mädchen zu heiraten, hätte ich es mir vielleicht anders überlegt. Aber als ich mich elf Jahre später über diesen Tisch lehne und ihre Hand nehme, bin ich froh, dass ich das nicht getan habe.

Ramona nimmt eine Blume aus der Vase und hält sie mir unter die Nase. Vom anderen Ende des Raumes beobachtet uns ein Ehepaar misstrauisch. Vielleicht fragen sie sich, ob wir gerade eine heimliche Affäre miteinander haben, denn verheiratete Menschen benehmen sich schließlich nicht so.

»Es ist wunderbar, in die eigene Frau verliebt zu sein«, sage ich zu ihr. »Und es wird immer besser.«

Sie lächelt. »Für mich auch.«

Am Anfang unserer Ehe habe ich mich oft gefragt, ob wir wohl so weit kommen würden. Endlose Streitereien, wütende Abende, an denen es scheinbar keine Lösung gab. Unsere Ansichten prallten aufeinander. Wir waren zwei egoistische, junge Menschen, die versuchten, mit diesem lebenslangen Versprechen irgendwie klarzukommen. Ehen werden im Himmel geschlossen, hat man uns gesagt. Aber wir lernten schnell, dass sie auf der Erde gelebt werden. Wenn ich heute zurückschaue, weiß ich, dass keiner von uns beiden je an Scheidung gedacht hat. Dieses Wort hatten wir nicht in unserem Wortschatz. Manche sagen vielleicht, dass wir aneinandergefesselt waren. Gefangen. Aber ich glaube, dadurch hatten wir die Zeit und Gott die Gelegenheit, etwas Besseres zwischen uns entstehen zu lassen.

Später, umgeben von der Ruhe eines dunklen Hotelzimmers, danken wir Gott für seine Gnade, und ich schlafe mit einem Lächeln auf dem Gesicht ein. Nicht alles ist perfekt zwischen uns, aber es wird immer besser. »Es ist wunderbar, mit der besten Freundin verheiratet zu sein«, flüstere ich, »vor allem, wo es am Anfang so steil bergab ging.«

Existenzfrage

Ich weiß immer noch nicht, wer es ins Endspiel der Footballliga geschafft hat. Ich weiß nicht, ob Matlock endlich mal einen Fall verloren hat oder ob die Außerirdischen der Menschheit einen Gefallen getan und die Hauptpersonen von Akte X ins All gebeamt haben.

Sie müssen wissen, dass wir vor zwei Wochen unseren Fernseher in die Luft gejagt haben.

Früher oder später musste das kommen. In dieser Woche kam Rachael von einer Freundin nach Hause. »Was habt ihr gemacht?«, fragte ich sie.

»Filme geschaut.«

»Was für Filme?«

»James–Bond-Filme.«

Als meine Frau mich wieder von der Decke gekratzt hatte, haben wir eine neue Regel in Stein gemeißelt: Vor einem Film erst daheim anrufen. Dann bin ich zum Haus ihrer Freundin gegangen und habe Kartoffeln in den Auspuff des Autos gesteckt.

Vor zwei Wochen habe ich mich mit den Jungs vor den Fernseher gesetzt, um ein harmloses Footballspiel zu sehen. Zum 350. Mal hatte einer von ihnen die Fernbedienung versteckt. Noch bevor ich sie gefunden hatte, kam die Vorschau des neuesten Horrorfilms und raubte ihnen für drei Nächte den Schlaf. Ich stand auf, schaltete den Fernseher aus und erklärte ganz gelassen: »Lasst uns den Fernseher in die Luft jagen. Gleich hier, auf der Stelle. Lasst ihn uns richtig in die Luft jagen.« Zunächst schienen die Kinder recht begeistert zu sein. So viel Gewalt waren sie außerhalb des Fernsehers nicht gewöhnt. Aber als ich gestand, dass ich kein Dynamit hatte und nur den Stecker ziehen wollte, waren sie sich nicht mehr so sicher.

»Ich kann nicht ohne Fernseher leben«, sagte Jeffrey, der sehr gerne fernsieht.

»Ich auch nicht«, stimmte seine ältere Schwester Rachael zu.

»Ich werde sterben«, sagte Stephen, hielt sich die Brust und sackte auf dem Teppich zusammen.

»Wisst ihr was?«, sagte ich und dachte schnell noch einmal darüber nach. »Ich gebe euch etwas ganz Besonderes, wenn wir zwei Wochen ohne Fernsehen und Videos auskommen.«

»ZWEI WOCHEN?«, sagte Stephen.

»Zwei Wochen.«

»Gibst du uns dafür eine Million Dollar?«, meinte Jeffrey, der Träumer.

»Nicht ganz«, antwortete ich. »Aber wie wäre es mit einem Großbildschirm für eure Kinderzimmer!«

»Echt?«

»Nein, aber ich verrate euch was. Ihr bekommt dann einen Monat lang doppelt so viel Taschengeld. Dann könnt ihr euch mehr Süßigkeiten kaufen, und eure Zähne faulen schneller. Dann feiern wir in zwei Wochen eine große Party, und ihr bekommt Geschenke … Zahnpasta!«

»Was für eine Party?«

»Äh … eine lustige Party.«

»Ich weiß«, sagte Stephen und stand auf. »Eine VIDEO-Party!«

Rachael kam herein und hielt zum Trost eine ihrer Puppen eng an sich gedrückt. »Ich glaube nicht, dass ich das schaffe«, sagte sie zu ihrer Puppe.

Ich kann gut verstehen, wie sie sich fühlen. Ich musste einmal 19 Jahre ohne Fernseher auskommen – plus/minus ein paar Tage. In meiner Kindheit hatten wir so etwas nicht zu Hause – außer als Onkel Clifford zu Besuch kam und einen winzigen Schwarz-weiß-Fernseher in seinem Wohnmobil einschmuggelte. Ich hätte schon schlafen sollen, aber stattdessen stand ich im Bett und sah über zwei geschickt angebrachte Spiegel zu, wie John Wayne einen glänzenden Revolver aus dem Hüfthalfter zog und einen anderen erschoss. So etwas geschah in unserem Haus nicht oft, und so konnte ich in dieser Nacht nicht schlafen. Wenn ich genauer nachdenke, habe ich eigentlich bis Mittwoch nicht geschlafen – bis zu Mr. Kowalskis Matheunterricht.

An meinem elften Geburtstag fragte ich meine Mutter, was eigentlich am Fernsehen so schlimm sei. Sie solle mir einen einzigen guten Grund nennen, weshalb ich keinen in meinem Zimmer haben durfte, verlangte ich. Sie nannte mir mehr als einen. Ich glaube, das waren die Gründe, die sie nannte:

1. Wir haben kein Geld.
2. Im Fernsehen wird viel geredet und nichts gesagt.
3. Fernsehen zeigt zu viel Gewalt.
4. Fernsehen schaltet das Gehirn aus.
5. Man kann mehr lernen, wenn man einer Bohne beim Wachsen zusieht, als beim Fernsehen.

»Im Fernsehen führen die Dummen die Dummen«, rief mein Vater aus dem Hintergrund vom Sofa dazwischen. »Wenn der Regler für Helligkeit wirklich Erleuchtung bringen würde, könnten wir darüber reden, Söhnchen. Aber es ist eher das Gegenteil der Fall. Wie einer der Marx Brothers schon sagte: ›Fernsehen hat einen hohen Bildungswert. Immer wenn es an ist, gehe ich nach nebenan und lese ein Buch.‹ Ich stimme ihm zu. Was mich und meine Familie betrifft, können wir auch gut ohne leben.«

Also gingen wir zu unseren Freunden und schauten dort fern.

An einem verregneten Sonntagabend nach dem Gottesdienst, als die Dunkelheit sich langsam über unsere kleine Stadt breitete — ich war damals in der neunten Klasse —, saß ich bei meinem Freund im Wohnzimmer und sah beide Teile von »Der weiße Hai«, wo Steven Spielberg die Schauspieler die ganze Zeit in Badehose und Bikini als Fischfutter herumlaufen lässt. Ich ging alleine nach Hause und schwor mir unterwegs, dass ich diesen Sommer in keinem See oder Schwimmbad schwimmen gehen würde. Und ein Bad würde ich auch nicht nehmen. Und wenn ich duschen musste, so würde ich dabei immer ein wachsames Auge auf den Abfluss werfen.

Es ist jetzt zwei Wochen her, dass wir den Fernseher ausgeschaltet haben. Während ich hier sitze und schreibe, sind die Kinder immer noch am Leben und spielen relativ leise im Wohnzimmer, mit dem Rücken zur schwarzen Mattscheibe. In wenigen Minuten holen wir die Pizza aus dem Ofen und feiern zwei Wochen ohne Fernseher. Dann werde ich sie an die letzten 14 Tage erinnern, die sich am besten folgendermaßen zusammenfassen lassen:

Wer	Worauf sie verzichtet haben	Was sie stattdessen getan haben
Phil	Football, Baseball, Hockey, Rasen-Dart und Tischtennis schauen	Mit den Kindern Sport treiben; mit der Frau reden; darüber schreiben, wie es ist, nicht fernzusehen
Ramona	Christliche Sendungen	Radio, Musik, lesen, Freunde
Stephen	Zeichentrickfilme	Lesen, Bruder hauen, sich entschuldigen, Bruder vorlesen
Rachael	Zeichentrickfilme	Comic-Figuren malen
Jeffrey	Zeichentrickfilme	Mit Lego spielen; an Zeichentrickfilme denken

Wenn wir die Pizza aufgegessen haben, werden die Kinder jeweils folgende computergeschriebene Urkunde bekommen:

Hiermit wird bescheinigt, dass
(Name des benachteiligten Kindes)
zwei Wochen lang nicht ferngesehen hat …
… und immer noch lebt.
Gut gemacht, Kleine/r! Juhuu!
(Unterschrift der Eltern)

In den letzten zwei Wochen habe ich einige Veränderungen an meinen Kindern bemerkt. Und ich habe auch Veränderungen bei mir bemerkt. Ehrlich gesagt habe ich die Sportsendungen vermisst, aber zum größten Teil hat der Verzicht aufs Fernsehen mir Zeit geschenkt für bessere Dinge. Zum Beispiel mit meinen Kindern Ringkämpfe auszutragen, zusammen ein gutes Buch zu lesen und meine Frau zu lieben.

Ich hatte auch Zeit, um über Bibelverse nachzudenken, wie zum Beispiel: »Was immer wahrhaft, edel, recht … ist, … wird keine hohen Einschaltquoten erzielen« (Callaway-Übersetzung). Und ich hatte sogar Zeit, mir selbst auch eine Urkunde auszudrucken:

> *»In meinem Haus will ich ein tadelloses Leben führen.*
> *Böses und Gemeines will ich nicht einmal ansehen.«*
>
> Psalm 101,2b-3a, Neues Leben

Seltsamerweise bin ich mehr denn je überzeugt, dass ich das auch tun kann, ohne den Stecker vom Fernseher zu ziehen oder den Fernseher in die Luft zu jagen. Ich glaube, ich kann vor Gott tadellos leben, wenn ich jeden Tag wachsam bin und auf die richtigen Stimmen höre. Und wenn ich meinen Kindern vorlebe, dass es auch in einer grauen Welt noch Schwarz und Weiß gibt.

Aber jetzt muss ich Schluss machen. Das Superbowlspiel fängt an, und ich habe endlich die Fernbedienung wiedergefunden. Sie war im Sandkasten.

Falten

»Papa, sind wir reich?«

Es ist Sonntagnachmittag. Ich räkle mich mit Stephen auf dem Sofa, und wir erholen uns von zu viel Käsesandwiches. Eine Stunde lang habe ich ihm aus C.S. Lewis' *Chroniken von Narnia* vorgelesen, während er mein Gesicht genau beobachtet und jedes Wort aufgesogen hat. Zumindest dachte ich das.

»Äh … reich? … Darüber muss ich nachdenken.« Ich bringe es nicht fertig, ihm zu sagen, dass die Glücksfee uns noch nicht besucht hat und dass er mit kindlicher Zielsicherheit den wunden Punkt getroffen hat. Gerade heute Morgen hat Ramona mir gesagt, dass unser Konto überzogen ist, das Auto Öl verliert und der Staubsauger nicht mehr richtig läuft, seit Jeffrey sich darauf übergeben hat.

Ich lese weiter und fange an zu verstehen, warum die Kinder in der Geschichte England verlassen und eine andere Welt suchen wollen.

»Papa«, unterbricht mich Stephen wieder. Diesmal setzt er sich auf. »Papa, du wirst alt.«

»Warum sagst du das, Stephen?« Ich bleibe ganz ruhig — und bekomme Schweißausbrüche.

»Du siehst ein bisschen aus wie Opa.«

Ich lege das Buch weg. So etwas sagt mein Sohn, den ich über fünf Jahre lang geliebt, beschützt und gekleidet habe. Wie soll ich ihn nur dafür bestrafen? Indem ich ihn in sein Zimmer schicke, bis er 21 ist. Genau. Das Essen bekommt er durchs Schlüsselloch. Das war Mark Twains Mittel bei Teenagern. Aber vielleicht würde es ja auch bei einem 5-Jährigen funktionieren. Damit wären einige andere Probleme ebenfalls gelöst: weniger einkaufen, kein Taschengeld, keine Mädchen.

»Wie meinst du das, ich sehe aus wie Opa?«

»Du hast Falten auf der Stirn.«

»Hab ich nicht … oder?«

»Doch.«

»Wo?«

»Hier und da und da.« Der Junge stochert auf mir herum und studiert mein Gesicht mit seinen strahlend blauen Augen. »Du wirst alt, Papa.«

Oh, Mann. Das kann ich diese Woche gar nicht brauchen. Am Freitag hatten wir einige gute Freunde eingeladen, die mir zuschauten, wie ich 30 Kerzen ausblies – jedenfalls fast. Meine »Freunde« brachten mir ein paar Geschenke und viele Karten. Karten, auf denen Dinge standen wie:

Wenn man älter wird, sollte man anstrengende Tätigkeiten vermeiden … wie zum Beispiel zu versuchen, seine alten Jeans anzuziehen.

Im Alter zeigt man mehr Haut, aber eine gute Perücke verhindert das.

»Glaubst du, ich werde bald sterben, Stephen?«

Der Junge zieht die Nase kraus und muss erst einmal nachdenken. »Ich weiß nicht«, sagt er. »Wie viel bist du?«

»Ich bin 30. 30 Jahre alt.«

»Wie viel ist das?«

»Drei Mal so viele.« Dabei zeige ich ihm alle zehn Finger. Jetzt werden seine blauen Augen größer.

»Wow!«, meint er und schüttelt bedächtig den Kopf. »Das ist aber alt.«

Oh, mein Sohn, mein Sohn. Was soll ich nur mit dir machen?

Heute Abend sitze ich alleine am Küchentisch, schlürfe heiße Schokolade und schaue mir den Sonnenuntergang an. Es hat eine Weile gedauert, aber allmählich habe ich es begriffen: Ich bin kein kleiner Junge mehr. Ich schaue nicht mehr »den Großen« im Fernsehen beim Football zu. Ich *bin* einer von den Großen. Die Nachbarskinder rufen mich nicht mehr »Phil«. Seit Neuestem rufen sie mich »Mr. Callaway«. Dann drehe ich mich jedes Mal um, um zu sehen, ob mein Vater da ist.

Nichts führt uns unsere eigene Vergänglichkeit so deutlich vor Augen wie Kinder. Sie wachsen schneller aus ihren Socken heraus, als wir sie waschen können. Wir wundern uns, wie schnell sie sich verändern, und merken, dass wir uns selbst auch verändern. Die Jahre vergehen wie im Flug, und wir wagen es nicht mehr, unsere Zeit damit zu vergeuden, Dingen nachzujagen, die wir nicht mit in den Sarg nehmen können.

Das Komische ist, dass mich genau das den ganzen Tag beunruhigt hat: dass ich zu wenig habe. Nach 30 Jahren auf diesem Planeten habe ich nicht gerade viel vorzuweisen. Klar, unser Auto ist bezahlt. Aber ich kann es mir nicht leisten, es reparieren zu lassen. Ich habe eine Gitarre und eine Stereoanlage, die manchmal sogar funktioniert. Aber wir wohnen zur Miete, und was ist mit dem Strandhäuschen? Ich bin einmal an einem vorbeigefahren. Nein, die letzten drei Jahrzehnte haben meinem Geldbeutel nicht besonders gut getan.

Was Ruhm angeht, habe ich ebenfalls nicht viel aufzuweisen. Ich war nah dran. Ich habe einmal Clint Eastwood gesehen – im Fernsehen. Und ein guter Freund von mir saß einmal im gleichen Flugzeug wie Billy Graham.

»Papa, sind wir reich?«

Die Antwort ist eindeutig. Aber vielleicht auch wieder nicht.

Ich stehe auf, stelle die leere Tasse in die Spüle und gehe durch den Flur, um meiner abendlichen Pflicht nachzukommen: nach den Kindern schauen. Jeffrey schläft. Ein Bein hängt aus dem Kinderbett, das andere liegt auf seinem Plüschhund. Wie schnell er gewachsen ist. Wie sehr er sich verändert hat. Es sollte mich eigentlich nicht überraschen, aber es tut es doch. Vorsichtig lege ich ihn richtig hin und decke ihn zu.

Rachael ist noch wach und liest Mary, ihrer Lieblingspuppe, vor. Ich decke sie zum dritten Mal zu. »Gute Nacht, Rachael.« »Nacht«, sagt sie. »Ich hab dich lieb.«

Aus Stephens Zimmer höre ich Twila Paris singen, »Richte den Blick nur auf Jesus ...«, aber Stephen hat die Augen schon zu. Ich schalte den Kassettenrekorder aus und setze mich auf die Bettkante. Er rührt sich, dreht sich um und macht die Augen wieder zu.

Mein Sohn. Was werde ich dir hinterlassen? Wohlstand? Nicht, wenn man Wohlstand an den Dingen misst, die man anfassen kann. Glück? Nicht, wenn Glück die Abwesenheit von Problemen ist. Aber wenn man in einer liebevollen Familie keinen Wohlstand findet, dann weiß ich nicht, wo man ihn sonst finden soll. Und so sehr es sich lohnt, nach Glück, Frieden und Zufriedenheit zu streben, so habe ich sie in meinem Glauben an Jesus Christus gefunden.

Ja, mein Sohn, wir *sind* reich. Wir sind reich an Beziehungen, an Erinnerungen, an Freude. Im Testament sieht das vielleicht nicht so gut aus, aber wenn man Falten im Gesicht hat und sich mit Lichtgeschwindigkeit der Rente nähert, ist es ein Lächeln wert.

Die elf Wege zur Effektivität:
Prinzipien für erfolgreiche Eltern

Als ich noch klein war, sagte meine Mutter mir: »Sohn, wenn du die Antwort nicht weißt, dann frag jemanden, der sie weiß.« Damals war ich sechs Monate alt. Es hat also eine Weile gedauert, bis ich ihren Rat umgesetzt habe.

Als ich vor zehn Jahren als Redakteur bei der Zeitschrift Servant (Diener) angefangen habe, habe ich eine Rubrik ins

Leben gerufen, die »Innerview« heißt und sich mit dem Leben und den Gedanken berühmter Menschen beschäftigt – Experten, denen man knifflige Fragen stellen kann. Eine Leserin schrieb mir, ich solle besser wieder in die Grundschule gehen, wenn ich »Interview« nicht richtig schreiben könne (»Schande über Ihr Haupt!«, schrieb sie und drohte mir mit dem Füller), aber ansonsten waren diese Interviews mit Experten das Schönste, für das ich jemals bezahlt wurde. Über die Jahre habe ich diese Experten immer wieder um einen praktischen Rat zur Kindererziehung gebeten. Ich glaube, die folgenden elf Antworten werden Sie erfreuen.

1. Lebe auf den Knien. Franklin Grahams Jugendjahre waren von Alkohol, Schlägereien, Auseinandersetzungen mit der Polizei, aber auch von der Geduld, der Liebe und den Gebeten seiner gottesfürchtigen Eltern geprägt. Jedes Mal, wenn er abends weg war und einen draufmachte, betete seine Mutter, ihr verlorener Sohn möge umkehren. »Sie blieb immer auf, bis ich nach Hause kam«, erinnert sich Franklin. »Das hat mich echt genervt. Ich weiß gar nicht mehr, wie oft ich versucht habe, mich heimlich ins Haus zu schleichen. Sie saß immer in ihrem Schaukelstuhl mit einem Buch oder der Bibel im Schoß, und ich wusste, dass sie wieder für mich gebetet hatte. ›Gott sei Dank, dass es dir gut geht‹, sagte sie immer. Das war alles. Sie hielt mir nie einen Vortrag oder drohte mir. Aber sie hielt die Verbindung zu mir«, berichtet Franklin. »Sie hat mich ermutigt. Sie hat gesagt, ich könne jederzeit auch per R-Gespräch daheim anrufen. Und sie zeigte mir, dass sie mich liebte und ich daheim willkommen war.« 1974 wurden Ruth Grahams Gebete erhört, als Franklin in Jerusalem in einem Hotelzimmer kniete und »es satthatte, es sattzuhaben«. Er drückte seine

Zigarette aus, ging auf die Knie und bat Gott, ihm zu vergeben und ihn rein zu machen. Die Jahre des Weglaufens waren vorbei. Der Rebell hatte endlich einen Sinn gefunden.

2. Lebe nach deinem Gehalt. Experten behaupten, dass der Hauptgrund für Scheidungen das Geld ist. Vielleicht sind meine Frau und ich deshalb immer noch glücklich verheiratet: Wir haben nämlich nicht viel davon. Larry Burkett, Autor zahlreicher Bücher über biblische Prinzipien zum Umgang mit Geld, hat mir einmal folgenden genialen Rat zur Lösung der Finanzkrise der amerikanischen Regierung genannt: »Wenn ich Präsident wäre«, meinte Larry, »würde ich eine Hausfrau und Mutter von vier Kindern, die mit 20.000 Dollar im Jahr auskommen muss, als Finanzministerin der Regierung einsetzen. Sie würde den Laden in Ordnung bringen, denn sie weiß, wie man mit Geld umgeht.« Larry glaubt an die Zehn Gebote. Er ist auch der Ansicht, dass noch zwei weitere Gebote an jedem Kühlschrank hängen sollten: Du sollst weniger ausgeben, als du verdienst. Wenn deine Kreditkarten zu viel Geld ausgeben, schneide sie durch.

3. Du sollst nicht immer recht haben. Steven Curtis Chapman, Gewinner des Grammy Awards, glaubt, dass: »Es tut mir leid. Ich habe mich geirrt« die Worte sind, die einem Mann am schwersten über die Lippen gehen – abgesehen vielleicht von: »Du darfst meine Tochter heiraten.«

Er ist auch der Überzeugung, dass diese Worte essenziell sind für eine gute Atmosphäre in der Familie. »Am Ende meines Lebens«, sagt Steven, »möchte ich, dass meine Frau von mir sagt: ›Ich habe seine Fehler und sein Versagen gesehen, aber sein größtes Verlangen war, mit seinem Leben Jesus Christus zu ehren.‹ Ich hoffe, dass meine Kinder einmal sagen werden, dass ich ein hingebungsvoller Vater gewesen bin. Und es wäre schön, wenn sich die Menschen hier und da noch an ein Lied von mir erinnern würden. Aber das ist relativ unwichtig, im Vergleich zu meinem Wunsch, Jesus zu kennen.«

4. Nutze jeden Tag aus. Der viel diskutierte Autor und Redner Tony Campolo hat mich daran erinnert, jeden Tag auszunutzen. »Es gibt zu viele Eltern, die ihren Kindern beibringen zu beten: ›Und wenn ich sterbe, bevor ich aufwache ...‹«, meint Tony. »Wir sollten besser bitten, dass wir aufwachen, bevor wir sterben – und dass wir jeden Augenblick ausnutzen. In der Bibel heißt es, ›kauft die Zeit aus‹. Lass das Leben nicht an dir vorübergleiten. Jetzt, wo ich älter bin, will ich jeden Augenblick bewusst erleben. Ich brauche Gottes Hilfe, um den Rest meines Lebens so intensiv zu leben, wie nur er es uns schenken kann. Ich will viel lachen und andere zum Lachen bringen. Ich will mich an meinen Kindern freuen und mit meinen Enkeln spielen. Ich möchte, dass die Zeit, die ich mit meiner Frau verbringe, erfüllt ist.«

5. Beachte drei Dinge: Mut, Hingabe, Beständigkeit. Kathy Peel, Mitherausgeberin der Zeitschrift Family Circle, Autorin und Mutter von drei Kindern, glaubt, dass man in der Kindererziehung drei Dinge braucht: Das Erste ist Mut. »Wir müssen den Mut haben, zu sagen, was richtig und was falsch ist. Kinder erziehen heißt nicht, einen Beliebtheitswettbewerb zu gewinnen. Aber wenn wir zu schlechten Dingen Nein sagen, müssen wir diese Lücke mit etwas Positivem füllen.« Und Eltern brauchen *Hingabe*. »Ich gehöre noch zur Generation des Babybooms. Wir kennen dieses Wort gar nicht. Wenn es schwierig wird, dann wollen wir verschwinden, alles hinschmeißen, zum nächsten übergehen und etwas oder jemand anderes suchen. Deshalb endet die Hälfte unserer Ehen mit Scheidung. Die gute Nachricht ist, dass Gott uns vergibt, wenn wir Fehler machen. Und wir können uns selbst verpflichten, durchzuhalten.« Drittens, sagt Kathy, brauchen wir *Beständigkeit.* »Wir predigen unseren Kindern den ganzen Tag, dass sie achtgeben sollen, womit sie sich ihr Gehirn vollstopfen, und dann schauen oder lesen wir genau diese Dinge selbst. Wir müssen unseren Kindern das Verhalten vorleben, das wir ihnen beibringen wollen.«

6. Investiere in Freundschaften. Als ich mit Gordon McDonald, Pastor und Autor einiger meiner Lieblingsbücher, über moralisches Versagen in seinem Leben sprach, gab er sich ganz alleine die Schuld. Aber Folgendes hatte er gelernt: »Um zu überleben und vorwärtszukommen, brauchen wir Menschen, denen wir Rechenschaft schulden, die uns unterstützen und ermahnen. Ich brauche Männer um mich, die mir geradewegs in die Augen sehen und mir sagen: ›Gordon, du baust gerade großen Mist.‹ Und wenn ich solche Männer vor zehn Jahren gehabt hätte, dann müssten wir jetzt nicht über Versagen sprechen.«

7. Bring deinen Kindern bei, anders zu sein. »Wenn meine Kinder morgens zur Schule gegangen sind«, meinte Ron Hutchcraft, Redner der Billy Graham Organisation, »habe ich sie immer herausgefordert, anders zu sein. Statt nach viel Geld, vielen Freunden und guten Noten zu streben und Eindruck zu schinden, sollten sie ihre Welt verändern. Kinder müssen wissen, dass sie auf der Welt sind, um ihre Freunde mit in den Himmel zu nehmen. Sie müssen jeden Tag erleben, dass Jesus ein fester Bestandteil ihrer Familie ist, jemand, mit dem man redet, über den man redet und der das letzte Wort hat, wenn es darum geht, wie wir uns im

Alltag verhalten sollen. Familienandachten sind etwas Schönes, aber sie sind nicht so wirkungsvoll, wie Jesus in unseren Alltag einzubeziehen und spontan Gelegenheiten zu nutzen, um unseren Kindern etwas über ihn beizubringen.«

8. Bring deinen Kindern bei, Opfer zu bringen. 18 Jahre lang lebte Floyd McClung mit seiner Familie im Rotlichtviertel von Amsterdam, umgeben von Zuhältern, Prostituierten und Drogenabhängigen. Ihr Auftrag war es, diesen Menschen die befreiende gute Nachricht von Jesus Christus zu erzählen. »Wir waren überzeugt«, sagt Floyd, »dass es schwieriger und gefährlicher ist, Kinder in der vermeintlichen Sicherheit eines Vorstadtviertels großzuziehen, wo man ständig mit einem Auge auf die Hypothek und mit dem anderen auf den Videorekorder schielt. Unsere Kinder sollten sehen, dass für uns Gehorsam gegenüber Gott wichtiger war als Bequemlichkeit und Gerechtigkeit wichtiger als Sicherheit. Hat Gott unsere volle Hingabe, oder fragen wir zuerst, was am sichersten, bequemsten und schönsten ist?«

9. Man muss seinen Ehepartner nicht immer mögen. Die seit 18 Jahren andauernde Ehe des bekannten Sängers Michael W. Smith mit seiner Frau Debbie gibt in den Kreisen, in denen er verkehrt, Rätsel auf. »In Los Angeles fragen sie mich, wie lange ich schon verheiratet bin«, erzählt Michael, »und wenn ich dann sage: ›18 Jahre‹, fragen sie mich: ›Mit deiner zweiten oder deiner dritten Frau?‹ Sie können nicht glauben, dass sie meine erste und einzige Frau ist.« Sein Rezept für eine gute Ehe klingt in L. A. ebenfalls etwas fremdartig. »Das Wichtigste ist, sich selbst zurückzunehmen, und das ist ein täglicher Kampf. Ich bin für den Rest meines Lebens mit dieser Frau verheiratet. Und ich liebe sie, auch wenn mir manchmal nicht danach ist, sie zu lieben. Sie macht mich wahnsinnig, und oft sind wir nicht einer Meinung. Aber ich soll so sein wie Jesus und soll mich selbst aufgeben. Ich soll dienen.«

10. Machs nicht so kompliziert. In den letzten 35 Jahren haben Bill und Gloria Gaither einige der beliebtesten Gospelsongs geschrieben und gesungen – insgesamt über 600 –, 60 Platten und CDs aufgenommen und ein Dutzend Musicals aufgeführt. Sie haben drei Kinder großgezogen und drei Enkel verzogen. Und sie haben Millionen von Dollar verdient. Als ich Gloria fragte, was ihr hilft, den richtigen Blickwinkel zu bewahren, überraschte mich ihre Antwort. »Ganz am Anfang unserer Ehe hat Bill einmal gesagt: ›Ich brauche nur genug Geld, um mir eine Klimaanlage leisten zu können. Mehr will ich nicht‹, denn er kann nicht schlafen, wenn es zu heiß ist. Wir leben immer noch in dem Haus, das wir gebaut haben und in das wir eingezogen sind, als unser erstes Kind 18 Monate alt war.«

Jemand hat Billy Graham einmal gefragt, wie viel man spenden sollte. Er antwortete: »Ich kann Ihnen nicht sagen, wie viel Sie geben sollen, aber wenn Ihr Lebensstandard trotz Spenden noch genauso hoch ist wie der anderer, die das Gleiche verdienen wie Sie, dann geben Sie nicht genug.«

Ich habe Gloria gefragt, was auf ihrem Grabstein stehen soll. Ohne zu zögern, antwortete sie: »Sie hat sich selbst gegeben für das, was ewig währt.«

11. Denk an deine Beerdigung. Patrick Morley war Direktor oder Manager von 59 Firmen, darunter auch eine der größten Firmen Floridas, und musste zusehen, wie sein Wirtschaftsimperium nach der Steuerreform kollabierte. Der wirtschaftliche Zusammenbruch zwang ihn, vor Gott auf die Knie zu gehen und das Wort ›Erfolg‹ ganz neu zu buchstabieren. »Kein noch so großer beruflicher Erfolg kann das Versagen zu Hause aufwiegen«, verriet er mir. »Versagen heißt, in den unwichtigen Dingen erfolgreich zu sein. Vor ein paar Wochen war ich auf einer Beerdigung, und ich bemerkte die Rangordnung der Trauernden von den hinteren Reihen nach vorne. Die Einzigen, die weinten, waren diejenigen in der vordersten Reihe. Da fragte ich mich, wer wohl bei meiner Beerdigung weinen wird. Warum schenken wir denjenigen die meiste Zeit, denen wir am wenigsten bedeuten, und denjenigen, denen wir am meisten bedeuten, schenken wir so wenig Zeit?«

Eine gute Frage. Patrick ist überzeugt, das Wichtigste, um Kindern den christlichen Glauben nahezubringen, »ist die Art und Weise, wie Vater und Mutter ihr persönliches Leben leben. Ein Mann sollte sein Leben so leben, dass seine Kinder sehen, dass er mit Jesus lebt.«

Seit meinen Gesprächen mit diesen Experten habe ich beschlossen, ein paar Dinge in meinem Leben zu ändern. Und ich habe beschlossen, an meine Beerdigung zu denken. Und Sie? Haben Sie sich schon einmal gefragt, wer bei Ihrer Beerdigung weinen wird? Ich möchte Sie dazu ermutigen, mehr Zeit mit diesen Menschen zu verbringen.

Schafschur

Es ist spät. Die Sonne ist schon schlafen gegangen. Meine Frau auch. Die Kinder auch. Alle außer Rachael. Während ich versuche, diesem Abschnitt des Buches den letzten Schliff zu geben, kommt sie mit ihrem Kissen im Schlepptau in mein Büro (das Hauptquartier der Anonymen Schlaflosen) und hofft, dass ich ihr Asyl gewähre. Das geht schon seit ein paar Monaten so. »Wann machst du die Spiele wieder auf den Computer?«, fragt sie, während ich mit der letzten Zeile eines sehr wichtigen Absatzes kämpfe. Oder: »Komm mal. Ich muss dir was zeigen.« Also schaue ich mir an, was sie mir zeigen will, und der Absatz wird wieder nicht fertig. Oder einer ihrer Brüder kommt herein und drückt auf die »Entfernen«-Taste.

Was soll man mit diesen Kindern tun? Ihnen weniger Taschengeld geben?

Heute habe ich eine weiche Decke neben meinem Schreibtisch auf den Boden gelegt, Rachael ein paar Minuten in den Arm genommen und sie dann zugedeckt. Sie unterhält sich jetzt leise mit Kermit, einem Plastikspielzeug, das es für nur 49 Cent zu einem Big Mac dazugab.

Diese Woche hatte es in sich. Ich sage, ich bin Autor, aber meine Kinder erinnern mich immer wieder daran, dass ich zuerst und vor allem Vater bin.

Am Dienstag haben wir uns ein Kindervideo ausgeliehen. Den Titel habe ich vergessen, aber die erste Szene geht mir nicht mehr aus dem Kopf. Wir saßen auf einer Decke und versuchten, Popcorn, Saft und drei Kinder zu managen, während auf dem Bildschirm die Hauptdarstellerin wütend in ihr Zimmer ging und sich die Haare abschnitt. Danach war der Film recht unterhaltsam. Ich fragte mich nur, warum Rachael nicht mit uns schaute. Normalerweise ist sie diejenige, die man mit Gewalt vom Fernseher wegzerren muss. Während wir den Film sahen, tappte sie in die Küche, wo ich sie mit süßer Stimme alle möglichen Lieder singen hörte. Ich hatte also keinen Grund anzunehmen, dass sie irgendetwas anstellte.

Kurz darauf tauchte sie mit lammfrommer Miene und einer Schere in der Hand wieder auf. Ich sage lammfromm, weil sie dieses Lamm soeben geschoren hatte. Die linke

Hälfte ihrer Frisur fehlte. Wenn ich nicht einen Lachanfall bekommen hätte, hätte ich wahrscheinlich geweint. Ich liebe ihr Haar. Ich saß daneben und sah zu, wie ihre Mutter auch die andere Hälfte noch kurz schnitt und die langen, blonden Locken ganz ungerührt in den Abfalleimer warf.

»Rachael, mach das ja nie wieder.«

»Ja, Mama.«

Dann nahm sie die Schere und ging zu ihrer Puppe.

Inzwischen liegt Kermit auf dem Rücken, und Rachaels Augen sind zu. Ich sitze vor meinem Computer und denke über die Ereignisse des Abends nach und darüber, welchen Einfluss das Fernsehen auf ein Kind haben kann. Und über den Einfluss von Freunden und Kameraden und Lehrern und Politikern. Und über den Einfluss von denen, die nicht immer das Beste für unsere Kinder wollen.

Vor meinem geöffneten Fenster ist es still. In dieser ländlichen Gegend sind wir mit Ruhe verwöhnt. Um diese Uhrzeit sind die einzigen Geräusche das gelegentliche Zirpen einer Grille und das Klackern meiner Computertastatur. Stille. Ruhe. Frieden.

Aber ich bin nicht so naiv zu glauben, dass diese Ruhe von Dauer ist. Wir leben in einer Welt, in der – zumindest im Moment – das Böse stärker zu sein scheint als das Gute. In einer Welt, in der schlechte Menschen buchstäblich ihre Seele verkaufen, um die Herzen, Gedanken und Körper unserer Kinder zu erkaufen. Diese Gedanken bringen mich dazu, ein Gebet zu sprechen, das vielleicht nicht besonders geistlich klingt, aber ziemlich genau meine Gefühle ausdrückt: »Herr, bitte beschütze meine Kinder vor irgendwelchen Idioten.«

Und Sie? Haben Sie das auch schon einmal gebetet? Haben Sie sich schon einmal überlegt, was für Erwachsene aus Kindern werden sollen, die bereits Tausende Male Gewalt und Ehebruch im Fernsehen gesehen haben, bevor sie auch nur alt genug sind, ihr Zimmer selbst aufzuräumen? Haben Sie sich schon einmal überlegt, was für Eltern aus ihnen werden sollen, wenn ihre einzigen Vorbilder gerade noch eine Träne verdrücken, wenn sie von zu Hause weggehen? Haben Sie sich schon einmal gefragt, wie Kinder in der Lage sein sollen, Entscheidungen für die Ewigkeit zu tref-fen, wenn sie von lauter Menschen umgeben sind, die nicht über das Hier und Jetzt hinaussehen können? Ehrlich gesagt können das ganz schön beängstigende Zeiten für Eltern sein.

Aber das muss nicht so sein.

Ich knie neben meinem Schreibtischstuhl in meinem Büro. Leider sind es meistens erst solche Gedanken, die mich in diese Position zwingen. »Herr, bitte gib Ramona und mir jeden Tag die Weisheit, dein Wort in die Herzen unserer Kinder zu schreiben, ihnen deine Liebe zu zeigen und ihr Urteilsvermögen zu schärfen, solange sie noch jung sind. Danke, Herr, dass wir mit unserer Familie der Ungewissheit nicht mit Furcht, sondern mit Hoffnung begegnen können. Danke, Herr, für alles, was du noch tun wirst.«

Ein kleines Mädchen schläft auf einer weichen Decke, und der kanadische Winter steht vor der Tür. Ich stehe auf, schließe das Fenster und hebe Rachael auf. Ich will nicht, dass sie sich erkältet. Sie hat nicht mehr so viel warme Wolle wie noch am Dienstag.

Lebensziele

Ich muss Ihnen etwas gestehen. Ich bin ein Sammler. Wenn meine Frau den Kleiderschrank aufräumt, dann stehe ich daneben, beobachte jede Bewegung und mache hilfreiche Vorschläge. »He«, sage ich, »den Pullover kannst du nicht wegwerfen. Den habe ich in der vierten Klasse angehabt.« Wenn ich zu der Zeit, als ich diesen Pullover trug, ein Gespür fürs Sammeln gehabt hätte, dann hätte ich einen Schuhkarton voller Baseball- und Hockey-Karten, die heute ein Vermögen wert wären.

Als Autor sammle ich alle möglichen Zeitungsausschnitte, Geschichten und Artikel. Vor mir steht ein Schuhkarton voller berühmter Zitate von bekannten Sportlern. Hier sind einige meiner Lieblingssprüche:

»Wenn Sie 20 Jahre lang Kopf voraus auf die Bases gehechtet wären, wären Sie jetzt auch hässlich.« – Baseballspieler Pete Rose

»Meine Frau hat mich zum Millionär gemacht. Früher hatte ich drei Millionen.« – Eishockeystar Bobby Hull

»Ich will nur eins im Leben erreichen: Wenn ich die Straße entlanggehe, sollen die Leute sagen: ›Da läuft der größte Schlagmann aller Zeiten‹.« – Ted Williams, Baseballspieler in der Hall of Fame

Als Kind hatte ich die gleichen Ziele wie Ted Williams. Ich wollte, dass Menschen auf der ganzen Welt sagen: »Da läuft der größte Eishockeyspieler aller Zeiten.«

Als ich drei Jahre alt war, hielten meine älteren Brüder es

in ihrer begrenzten Weisheit für angebracht, mich in die Welt des Eishockeysports einzuführen. Ich hatte keine Ahnung, wo ich da hineingeriet. Ich ahnte nicht, dass ich mir drei Mal die Nase brechen, jede einzelne Rippe (manchmal alle gleichzeitig) anknacksen und sieben Mal bewusstlos geschlagen werden würde. Na schön, ich habe ein bisschen übertrieben. Ich wurde nur einmal bewusstlos geschlagen – wenn ich mich richtig erinnere.

Erlauben Sie mir, denjenigen unter Ihnen, die sich mit Eishockey nicht auskennen und noch nicht das Vergnügen hatten, dass Ihre Freunde sich auf Ihren beiden Gipsbeinen verewigen, ein wenig Einblick zu geben. Das Wort *Hockey* ist eine Kombination aus dem indianischen Begriff »Tamahakee«, was so viel heißt wie »mit großer Geschwindigkeit nachjagen«, und dem französischen »splochet«, was »knüppeln« heißt. Es ist ein Mannschaftssport, der auf schlüpfrigem Untergrund mit kantigen Schlägern und Stöcken, einem gefährlichen Geschoss, Puck genannt, und bei Weitem nicht genug Schutzkleidung ausgeübt wird. Es ist auch der einzige legale Sport seit der Zeit des Römischen Reiches, bei dem die Teilnehmer ihre Gegner massakrieren dürfen und dann, wenn sie dabei erwischt werden, für zwei Minuten auf die Strafbank müssen, wo sie darüber nachdenken können, wie sie es das nächste Mal anstellen.

Mit 16 hatte ich schon Hunderte von Stunden auf dem Eis verbracht und geübt, geübt und noch mehr geübt. Ich habe den Puck auf Kellerfenster, im Garten auf meinen Bruder und in meinen Träumen geschossen. *Wenn ich genug übe,* dachte ich, *dann werde ich eines Tages etwas Heldenhaftes vollbringen. Ja, eines Tages werde ich ein so geniales Tor schießen, dass ich meine gebrochene Nase, die Platzwunde und die* äh … äh … *ach ja, die Beule am Kopf darüber vergessen werde.*

In jenem Jahr sah es aus, als sollte mein Traum wahr werden. Die Spieler unserer Mannschaft hatten alle persönlichen Ziele hintenangestellt und waren zu einer echten Einheit zusammengewachsen. Wir verblüfften alle Kritiker und schlugen uns buchstäblich bis ins Endspiel durch. Und so war unser kleines Eisstadion an einem Samstagabend Ende März gerammelt voll, und die Zuschauer (die fast ausschließlich Teenagermädchen waren) warteten darauf, dass ihre Stars aufs Eis kamen. Ich spähte durch den Türspalt der Umkleidekabine und war mir sicher, dass das *mein* großer Abend sein würde. Heute würde das große Tor fallen. Jetzt sollte sich das jahrelange Üben bezahlt machen.

Aber im Verlauf des Spiels begann dieser Traum immer mehr zu verblassen. Und als die Uhr die letzte Minute anzeigte, wurde der Traum zum Albtraum. Wir lagen 3:2 hinten.

Und dann kam der Moment, an den sich bestimmt noch irgendjemand erinnert, als ich einen Pass aus der Ecke annahm und den Puck am Torwart vorbei, der sich der Länge nach aufs Eis geworfen hatte, ins Tor knallte. Die Mädchen rasteten fast aus. Es stand unentschieden, und für den Moment war ich der Held.

Als die Nachspielzeit anfing, hatte ich das deutliche Gefühl, dass das Schicksal mir heute gnädig gestimmt war. Nennen Sie es Vorahnung oder Intuition oder einfach lächerlich; für einen Jugendlichen war es ganz real. Heute war mein großer Tag, und das wusste ich. Und tatsächlich, nach etwa fünf Minuten Spielzeit kam meine Gelegenheit, und ich nutzte sie. Dieser Moment ist in meiner Erinnerung jederzeit abrufbar, manchmal sogar in Zeitlupe. Der Puck rutschte auf das Tor zu, ich hechtete vorwärts und versuchte verzweifelt, sein Ziel zu besiegeln. Die Zuschauer sprangen auf, als ich den Puck über die Torlinie schob. Die Mädchen rasteten aus, aber auch die Mütter der gegnerischen Mannschaft. Aber sie jubelten nicht wegen mir. Ich hatte nämlich soeben ein EIGENTOR GESCHOSSEN.

An das, was danach kam, kann ich mich nicht mehr richtig erinnern. Ich weiß noch, dass ich schnurstracks in die Umkleidekabine geflüchtet bin und mir ein Handtuch über den Kopf geworfen habe. Und ich kann mich noch an die Kommentare erinnern: »Mach dir keinen Kopf, okay? Das hätte jedem passieren können … wenn er so unkoordiniert ist.«

Begleitet von unterdrücktem Lachen, hängte ich meine Schlittschuhe an den Nagel. Für immer.

Als ich an diesem Abend nach Hause kam, ging ich geradewegs in mein Zimmer. Mein Vater hatte wegen einer heftigen Grippe nicht zum Spiel kommen können. Ich wollte nicht, dass es ihm noch schlechter ging, wenn ich ihm von meinem großen Tor erzählte. In drei oder vier Jahren würde er vielleicht wieder kräftig genug sein, um die Einzelheiten zu ertragen. Aber mein Vater kam in mein Zimmer, und ich erzählte ihm alles. Ich wagte nicht, ihm in die Augen zu schauen. Ich konnte nur auf seinen rot-karierten Bademantel starren.

Als ich fertig war mit Erzählen herrschte für eine Minute Schweigen. Dann legte er mir die Hände auf die Knie und fing an zu lachen. Und wissen Sie was? Ich habe mitgelacht.

Damit hatte keiner von uns gerechnet.

Es war das Beste, was ich tun konnte.

Mein Vater hatte mir gezeigt, dass mein Wert als Mensch nicht im Geringsten vom Sieg in einem Eishockeyspiel abhing. Seine Botschaft war unmissverständlich: »Ganz gleich, was passiert, ich liebe dich.«

Kluge Eltern wissen, dass die größten Siege im Leben nicht auf einer Anzeigetafel erscheinen; dass es wichtiger ist, einen Menschen zu formen, als ein Spiel zu gewinnen; dass wir aus unserem Versagen viel mehr lernen können als aus unserem Erfolg, wenn es von einem herzhaften Lachen begleitet wird.

Seit jener Nacht, in der mein Vater und ich zusammen gelacht haben, sind jetzt mehr als 20 Jahre vergangen, und allmählich wird mir klar, dass mein Vater mir etwas gegeben hat, das viel wertvoller ist als alles, was man in einen Schuhkarton stopfen kann. Es war etwas, das ich gegen nichts eintauschen und niemals wegwerfen werde. Denn an dem Abend, an dem mein Vater mit mir gelacht hat, habe ich beschlossen, die Schlittschuhe wieder anzuziehen. Ich laufe auch heute noch Schlittschuh. Über die Jahre habe ich sogar ein paar Tore geschossen – und zwar ins richtige Tor. Aber keines ist mir so im Gedächtnis geblieben wie jenes Tor in der Nachspielzeit, das mich mein Leben lang daran erinnern wird, dass die größten Siege manchmal unsere Niederlagen sind und dass mein Vater im Himmel mich unerschütterlich liebt.

Großvaters bestes Geschenk

Leise Stimmen wecken mich an diesem kalten Dezembermorgen. »Ist es so weit, Papa? Ist es jetzt so weit?« Vor unserem Fenster ist alles mit einer weißen Decke zugedeckt. Drinnen zerren drei aufgeregte Kinder an meiner Decke, hüpfen barfuß herum und rufen in die Dunkelheit: »Komm schon, Papa, komm.«

Ach, ja. Jetzt erinnere ich mich wieder: Es ist der erste Weihnachtstag. Und es ist fünf Uhr morgens. Aber Kinder haben am Weihnachtstag kein Zeitgefühl. Sie haben Träume, aber keine innere Uhr. Sie träumen von Schokolade, Truthahn und verbotenen Päckchen. Und von diesen Träumen wachen sie dann so früh auf.

Also … gehen wir durch den Flur und bleiben abrupt vor fünf Socken stehen, die mit köstlichen, verbotenen Schätzen gefüllt sind.

»Können wir die essen?« Jeffrey ist erst drei, aber er ist der Sprecher der anderen.

»Noch nicht«, erwidere ich. »Wartet, bis Mama aufgewacht ist. Pssst.«

Wir machen die Weihnachtsbaumbeleuchtung an und setzen uns still aufs Sofa. Und während der Rest der Welt noch schläft, erzähle ich ihnen eine Geschichte aus meiner Kindheit. Die Geschichte vergangener Weihnachten, größtenteils wahr und hier in die Sprache der Erwachsenen übersetzt …

Einmal im Jahr suchten wir Kinder den Himmel nach Großvater ab. Er kam immer in der Weihnachtszeit vorbei, und so warteten wir am Flughafen, unsere Nasen in schmerzlicher Erwartung an die gefrorene Scheibe gedrückt. Und tatsächlich, schon bald tauchte der silberne Vogel auf und stach nur für uns durch die Wolken.

Es war Tradition, dass wir an diesem Punkt anfingen zu jubeln und zu schreien, bis jemand die Sicherheitsbeamten rief. Wir hatten einen guten Grund für unseren Jubel: Opa brachte immer eine große Flasche echten kanadischen Ahornsirup und einen schweren Lederkoffer voller bunt eingepackter Päckchen mit (die meisten waren für meine Schwester).

Wir liebten unseren Opa auch noch aus anderen Gründen. Zum einen war er der einzige Mensch, den ich kannte, der den Hustensaft direkt aus der Flasche trank, unter Missachtung des hohen Alkoholgehaltes. Es schien, als sei Großvater ständig erkältet, und so hatte er immer eine Flasche von dem Zeug griffbereit. Einmal habe ich einen winzigen Schluck daraus probiert. Den Geschmack habe ich bis heute noch auf der Zunge. Ich bewunderte Großvater auch wegen seines Kopfes. Er war so glatt wie poliertes Messing – nur dass weniger Haar darauf wuchs. Mein Bruder Tim behauptete, der Friseur habe Opa eines Tages einfach eine Metallschale über den Kopf gestülpt und gesagt: »Das macht fünf Dollar.« Aber wie auch immer, wir konnten gar nicht genug davon kriegen, mit der Hand darüberzufahren und unser Spiegelbild zu betrachten.

Als 10-jähriger Junge fand ich den Gottesdienst manchmal langweilig und eintönig. Aber nicht, wenn Großvater da war. Wenn er mit der Predigt nicht einverstanden war, ließ er es den Prediger wissen. Und die Gemeinde mit ihm. Wenn wir sangen, suchte Großvater angestrengt nach den richtigen Tönen, traf sie aber selten. Natürlich merkte er das nicht, und so sang er laut, mit Vibrato und Inbrunst. Einmal stand ich neben ihm, als er »Stille Nacht, heilige Nacht. Alles schläft, einsam wacht ...« intonierte. Er sang sehr laut in F-, G- und A-Dur, und ein kleines Mädchen vor mir – ein kleines Mädchen, in das ich mich beim Picknick der Sonntagsschule im Mai verliebt hatte – drehte sich um und sah mich mit diesem besonderen Blick an. Ich packte die Gelegenheit beim Schopf und nickte in Richtung des Vaters meines Freundes, als sei er schuld. Ich werde ihr Lächeln nie vergessen.

Großvater Callaway war ein großer Mann, in Kilos gemessen. Wenn irgendwo Schokolade war, war Großvater immer in der Nähe, und über die Jahre hatte das angesetzt. Er erinnerte mich immer an die drei Phasen im Leben eines Mannes: Zuerst glaubt er an den Weihnachtsmann, dann glaubt er nicht mehr an den Weihnachtsmann, und dann ist er der Weihnachtsmann. Großvaters umfangreiche Figur hatte einige große Vorteile. Man konnte sich bei manchen Spielen prima dahinter verstecken. Das Beste war wohl, dass sein Schoß groß genug war, dass wir alle fünf darauf Platz hatten, wenn er uns Jahr für Jahr die Weihnachtsgeschichte erzählte.

Aber während wir erwartungsvoll am Flughafen standen, nahm dieses Weihnachten eine schlimme Wendung. Als der letzte Passagier an uns vorbeigegangen war, war uns klar, dass Großvaters Flugzeug ohne ihn gekommen war. Das machte uns Sorgen, vor allem uns Jüngeren, die sich fragten, was mit Ahornsirup passiert, wenn er nicht vom Himmel runterkommt. Natürlich machten wir uns nicht nur um den Ahornsirup Gedanken. Nein, wir waren viel mitfühlender. Wir machten uns Gedanken, wo die Geschenke waren. Also warteten wir und hielten Ausschau. Andere Großväter wurden von Kindern wie uns mit Umarmungen und Küssen empfangen. Aber Opa Callaway kam nicht.

Dann entdeckte Vater jemanden, der etwas abseits stand. Konnte es wahr sein? Er hatte die richtige Größe. Er hatte das richtige Gesicht. Aber er hatte auch Haare.

»GROSSVATER!«, schrien wir.

»Was um alles in der …?«, sagte Vater.

»Eine Perücke«, antwortete Mutter und hielt sich die Hand vor den Mund. »… oder so ähnlich.«

Kurz darauf sah Großvater im Spiegel auf der Flughafentoilette, warum wir ihn nicht bemerkt hatten. Es war eine gute Perücke, ein teures Grau mit schwarzen Strähnen. Aber sie saß quer, sodass die Strähnen quer über seinen Kopf liefen und das Made-in-Canada-Schildchen neckisch über seinem linken Ohr hing. »Sag bloß«, sagte Großvater immer wieder. »Sag bloß.«

Aber die Nachrichten wurden noch schlechter. Wie es schien, war Großvaters Gepäck nicht mitgekommen. »SAG BLOSS!«, sagte Großvater durch sein Gebiss.

Als sich der drohende Aufstand legte, begann ich, eins und eins zusammenzuzählen. Kein Ahornsirup. Keine bunt verpackten Geschenke. Vielleicht auch keine Schokolade. Und dann geschah etwas sehr Seltsames:

Ich merkte, dass es egal war.

Weihnachten würde auch ohne Ahornsirup kommen. Weihnachten würde auch ohne Geschenke kommen, und wir würden spielen, Lieder singen, Geschichten hören. Und was das Beste von allem war: Großvater war da. Er hatte uns das schönste aller Geschenke gebracht: *sich selbst.*

Großvater nahm das Ganze natürlich nicht so gelassen hin. Als wir ins Auto stiegen, hörte ich ihn immer noch »Sag bloß« murmeln. Und ich sah, wie er nach der Flasche mit dem Hustensaft griff.

»Habt ihr gar nichts bekommen?«, fragt Stephen, als meine Geschichte zu Ende ist.

»Doch. Aber ich kann mich nicht mehr wirklich an die Geschenke erinnern. Ich kann mich nur noch an Großvater erinnern.«

»Hat er euch viele Geschichten erzählt?«

»Oh ja. Er erzählte für sein Leben gerne Geschichten. Und ganz besonders liebte er es, uns die Weihnachtsgeschichte vorzulesen – von dem Licht, das hell leuchtend in die Welt kam und an einem äußerst ungewöhnlichen Ort landete, nur für uns. Vom Sohn Gottes im Stall. Und er erzählte uns, dass Gott uns alles hätte geben können, was er wollte. Aber er hat uns das schönste aller Geschenke gemacht: *sich selbst*. Ich hoffe, dass ihr daran denken werdet, wenn ihr an Weihnachten denkt.«

Über uns, an einem roten Faden, hängen die Weihnachtskarten. Genau in der Mitte hängt meine Lieblingskarte:

»Wenn unser größtes Bedürfnis Wissen wäre,
hätte Gott uns einen Lehrer geschickt.
Wenn unser größtes Bedürfnis Technologie wäre,
hätte Gott uns einen Wissenschaftler geschickt.
Wenn unser größtes Bedürfnis Geld wäre,
hätte Gott uns einen Wirtschaftsfachmann geschickt.
Wenn unser größtes Bedürfnis Vergnügen wäre,
hätte Gott uns einen Unterhaltungskünstler geschickt.
Aber unser größtes Bedürfnis war Vergebung,
und deshalb hat Gott uns einen Retter geschickt.«

»Wo ist Großvater jetzt?«, fragt Stephen.

»Im Himmel.«

»Er kann nicht gut singen, oder?«, meint Rachael.

»Nein, das konnte er nicht. Aber jetzt kann er es.«

Rachael und Stephen sitzen still und staunend da, im sanften Licht des Weihnachtsbaumes.

»Erzähl noch mal, Papa«, sagen sie.

Jeffrey sitzt still da, schaut auf die Socken und denkt über etwas ganz anderes nach. »Können wir die jetzt essen?«, fragt er.

Leere Geldbeutel, volle Herzen

30 Jahre lang ist er schon mein Vater. Ich habe ihn »Papa« gerufen. Sein Humor in schweren Zeiten war erstaunlich. Seine jahrzehntelange Treue zu meiner Mutter hat mich inspiriert.

Natürlich ist es nicht schwer, auch Fehler an ihm zu finden. Zum einen macht er sich zu viele Sorgen – um seine Gesundheit, seine Frau und sein Geld. Wir necken ihn damit, aber wir wissen auch, dass er nicht anders kann. Genau wie die Armut ist auch das Sorgen erblich. Man erbt es von den eigenen Kindern.

Als ich klein war, entschieden meine Eltern, dass sie sich für andere Menschen einsetzen wollten. Statt ein gutes Einkommen und ein Traumhaus anzustreben, gingen sie in den Gemeindedienst. »Unsere Geldbeutel sind leerer, aber unsere Herzen voller«, hatte Vater einmal gesagt. Sicher gibt es auch Tage, an denen er nicht so empfindet.

Über dem Bett meiner Eltern hängt eine Tafel mit folgender Inschrift: »Herr, du gibst Frieden dem, der sich fest an dich hält und dir allein vertraut!« (Jesaja 26,3). Der Vers hängt schon seit meiner Geburt dort. Vater liest ihn oft. Trotzdem macht er sich Sorgen. In letzter Zeit macht er sich Sorgen um die Zukunft, und er hat seine Gründe dafür. Obwohl er schon manche seiner Ärzte überlebt hat, ist seine Gesundheit doch nicht mehr so gut, wie er es sich wünscht. Das Haus, in dem unsere Eltern uns großgezogen haben, ist jetzt zu groß für sie. Es müsste gestrichen werden. Die Hecke müsste geschnitten werden. Er bräuchte einen neuen Rasenmäher. Und so haben sie angefangen, sich Seniorenwohnheime anzusehen. Kleine Appartements. Ruhige Appartements. Weit weg vom Lärm der jüngeren Generation.

Wenn ich mich mit Vater unterhalte, dann macht er immer noch gerne Witze, aber ihm kommen auch schneller die Tränen.

Es ist halb neun, die Kinder sind im Bett, und ich kann endlich das Spiel sehen. Das letzte Viertel hat angefangen, die falsche Mannschaft gewinnt, und das Telefon klingelt. Ruhig bleiben. Ich gehe dran.

»Hallo? ... Ach, hallo Papa ... Ja, ich habe mich gerade hingesetzt, um das Spiel zu sehen ... Ja, sie verlieren mal wieder ...« Meine Stimmer wird leiser, und er fängt an, mir zu erzählen, wie sein Tag war. Er muss bald wieder zum Arzt, und für Vater ist »Zahnarzt« und »Arzt« gleichbedeutend.

Muss das jetzt sein, Papa? Ich habe endlich ein bisschen Ruhe, um mich zu entspannen, und da klingelt das Telefon. Ich hatte einen anstrengenden Tag. Ich hatte gehofft, mich heute Abend ein bisschen ausruhen zu können. Merkst du denn nicht, dass ich jetzt keine Zeit zum Reden habe?

»... Nun, ich wünsche dir noch einen schönen Abend, mein Sohn.«

»Danke, Papa. Gute Nacht.«

Am nächsten Morgen muss ich früh aufstehen. Ich bin mit Arbeit überhäuft. Wichtige Arbeit. Arbeit für Gott. Wenn ich sie nicht mache, bleibt sie liegen.

Am Abend bin ich fertig. Und das Telefon klingelt.

»Hallo Papa ... Ja, ich lese den Kindern gerade vor.«

»Dann will ich dich nicht aufhalten.«

Aber er hält mich auf. Es geht ihm nicht so gut, sagt er. Ich werde ihn besuchen – vielleicht – erwidere ich. Aber ich tue es nicht. Und wieder stelle ich mir dieselbe Frage: *Warum gerade jetzt? Merkt er denn nicht, dass ich beschäftigt bin?*

Am nächsten Morgen geht es wieder weiter. Vor meinem

Bürofenster fällt lautlos der Schnee, man hört Martinshörner und hektische Aktivität. Ein Unfall? Irgendetwas Tragisches? Ich bin zu beschäftigt, um mich darum zu kümmern. Schließlich muss ich meine Abgabefristen einhalten, habe Termine und muss Dinge klären. Und wieder bin ich ganz bequem in meiner eigenen Welt gefangen, von lauter guten Absichten gefesselt.

Das Telefon klingelt.

»Für dich, Phil. Deine Mutter.«

»Hallo Mama.«

»Phil«, sagt sie mit zitternder Stimme, »gerade haben sie Vater im Krankenwagen weggebracht. Ich glaube, er hatte einen Herzinfarkt.«

»Bist du zu Hause?«

»Ja«, kann sie gerade noch antworten.

»Ich komme sofort.«

Während der fünf Minuten zu ihrem Haus gehen mir tausend Fragen durch den Kopf. *Werde ich noch einmal mit ihm reden können? Er ruft nicht sehr oft an, ich hätte wissen müssen, dass etwas nicht stimmt. Was wäre, wenn ich … und was wird aus Mutter?*

Auf dem Weg ins Krankenhaus ist meine Mutter überraschend gefasst. »Es stimmt«, meint sie, »Gott schenkt uns wirklich Frieden.« Ich wünschte, ich könnte diesen Frieden jetzt spüren. Ich habe zu viel nicht getan, zu viel ungesagt gelassen. *O Gott, gib mir noch eine Chance.*

Als wir in Vaters Zimmer kommen, ist er so weiß wie die Bettlaken und hängt an mehreren Geräten. Mutter fängt an, seine Hand zu streicheln.

Wir reden, wir beten, und dann kommt der Arzt. »Es ist nicht so ernst, wie wir zunächst gedacht haben«, sagt er. Ich sitze im Eck, und mir kommen ganz ungewohnt die Tränen.

Vater. Es gibt da noch einiges, was ich dir sagen will, bevor es zu spät ist. Du machst dir Sorgen um deine Gesundheit und deine Zukunft, und ich habe dich damit abgespeist, dass Gott schon bei dir sein wird. Aber jetzt möchte ich dir sagen, dass ich auch bei dir sein werde. Genauso wie du immer bei mir warst, wenn ich Fieber hatte. Genauso wie du früher von der Arbeit gekommen bist, um mein Eishockeyspiel zu sehen. So wie du dir Zeit für mich genommen hast, will ich mir Zeit für dich nehmen. Darauf kannst du dich verlassen. Ich will dieses Älterwerden so gut ich kann mit dir gemeinsam durchleben. Das ist das Mindeste, was ich tun kann für jemanden, der mich so liebt wie du.

Als wir durch Buchlizenzen unerwartet zu Geld kamen und eine Anzahlung auf unser erstes eigenes Haus leisten konnten, begannen meine Frau und ich, uns Baupläne anzuschauen und auf unsere eigenen vier Wände zu hoffen. »Warum bauen wir nicht eine Einliegerwohnung ein?«, meinte Ramona und traf mich völlig unvorbereitet. »Da könnten deine Eltern drin wohnen.«

»Klar«, erwiderte ich und sah sie prüfend an. Es war kein Scherz. »Ich meine es ernst«, sagte sie. »Deine Eltern haben es immer so gut mit uns gemeint … Wenn wir es uns leisten können, sollten wir es tun, denke ich.« So erzählten wir Vater und Mutter bei einer Tasse Kaffee und einem Eis von unseren Plänen. Wieder standen Vater die Tränen in den Augen. Aber schon bald waren die Tränen versiegt. Schon bald waren Vater und Mutter in eine extra für sie gemachte Wohnung mit Aussicht gezogen. Sie hatte dicke Wände und sichere Schlösser. Jetzt nennen sie diese Wohnung ihr Zuhause. Natürlich war das nicht ideal, aber das Leben ist nun mal nicht ideal.

Wenn es Schlafenszeit ist, verschwinden die Kinder oft. Das beunruhigt uns nicht weiter. Vor ein paar Tagen sah ich einmal nach ihnen, als sie gerade im Fernsehen zuschauten, wie die Yankees die Blue Jays abzogen. Rachael hatte sich aufs Sofa gekuschelt und betrachtete die Falten auf Omas Gesicht. Stephen lag still auf dem Teppich und kaute auf seinen Fingernägeln. Jeffrey saß neben Großvater und wollte einen anderen Sender sehen.

Ich setzte mich aufs Sofa und dankte Gott im Stillen. »Danke, Gott, für eine zweite Chance. Danke, dass du für uns alle sorgst. Du hast versprochen, denen, die gottesfürchtig leben, nichts Gutes vorzuenthalten. Danke, dass du dein Versprechen gehalten hast.«

An jenem Abend gewann die falsche Mannschaft und machte damit alle unsere Hoffnungen zunichte. Aber der Punktestand war unwichtig. Noch lange nachdem ich den Punktestand vergessen haben werde, werde ich mich noch daran erinnern, dass wir alle zusammen waren. Wenn ich schon längst vergessen haben werde, wer den letzten Home Run gemacht hat, werde ich noch daran denken, dass wir gelacht haben, geredet, und dass ich die richtigen Worte gesagt habe, als ich die Gelegenheit dazu hatte.

An meinem 38. Geburtstag bekam ich eine Karte von einem Mann, den ich in Halifax, Neuschottland treffen sollte. *Aha, ein richtiges gutes Meeresfrüchte-Dinner*, dachte ich. Aber was ich bekam, war noch besser. Tom sagte mir, wie sehr ihm mein Buch »Making Life Rich Without Any Money« (Ein reiches Leben ohne Geld) gefallen hatte. »Ich habe gelacht und gelacht, bis ich geweint habe«, schrieb Tom. »Und dabei habe ich nur dein Bild angeschaut.«

Dann wurde er ernst.

»Vor 18 Jahren, in meinem letzten Jahr auf der Bibelschule, habe ich meiner 19-jährigen Schwester eine Geburtstagskarte mit einer roten Rose vorne drauf geschickt. Ich habe geschrieben:

›Meine liebe Schwester, im Moment kann ich es mir nicht leisten, dir Rosen zu schicken. Und wenn ich es könnte, würden sie gleich sterben. Aber meine Liebe ist nicht wie die Rosen: Sie wird nie sterben.‹

»Ein oder zwei Tage nachdem sie die Karte bekommen hatte, kam sie bei einem tragischen Autounfall ums Leben. Als ich an ihrem Sarg stand, sah ich all die Blumen und fragte mich: Warum schenken die Menschen keine Blumen oder machen Komplimente und loben andere, während sie noch leben? An jenem Tag beschloss ich, so viele Blumen zu verschenken, wie ich nur konnte. Es ist ein lohnendes Leben.«

Wenn wir sterben, lassen wir alles zurück, was wir geerbt haben, alles, was wir verdient haben, und alles, was wir angehäuft haben. Aber wir können auch einige Blumen hinterlassen. Blumen der Ermutigung, der Gnade, der Hoffnung. Und wenn wir das tun, werden wir wie Tom sagen, dass es ein lohnendes Leben war.

Albtraum in der zweiten Klasse

Ich glaube, es fing alles damals in der zweiten Klasse an, als Miss Barzley in die Stadt kam. Bevor Miss Barzley kam, wusste ich nicht, wie man Furcht buchstabierte. Aber nach ihrem ersten Besuch genügte der bloße Anblick des weißen Wagens vom Gesundheitsamt, und unsere ganze Klasse suchte im nahegelegenen Wald das Weite.

»Ich hab das Auto gesehen«, flüsterte Leslie Kolibaba, und die Angst stand ihm ins Gesicht geschrieben. Dann fingen wir an zu zittern, klammerten uns aneinander und wimmerten leise.

Das war nicht immer so gewesen. Als Miss Barzley zum ersten Mal in die Stadt kam, vertrauten wir ihr vollkommen. Und so standen wir wie die Lämmer aufgereiht im halbdunklen Korridor, um unsere Impfung zu bekommen.

Ich erinnere mich noch daran, wie ich zum allerersten Mal am Ende der Schlange stand und mir nicht sicher war, was passieren würde, wenn ich vorne ankam. Die Vorderen kamen wieder an uns vorbei, und in ihrer Stimme schwangen die Worte »versuchte Amputation« mit. »Auuuu!« sagten sie, als sie ihre Ärmel wieder herunterkrempelten. Wie sehr wünschte ich mir die Hand meines Vaters. Er würde es Miss Barzley schon zeigen.

Aber wir alle mussten schrecklich alleingelassen in dieses Zimmer gehen.

Miss Barzley war auch ohne Spritze in der Hand eine sehr beeindruckende Gestalt. Wenn sie die Arme hob, die Spritze anblinzelte und ein paar Tropfen herausdrückte, hingen große Fetttaschen von ihren Oberarmen herunter. Auf ihrem humorlosen Gesicht war nicht die Spur eines Lächelns zu sehen. Auf ihrer Nase saß eine Brille mit den dicksten Brillengläsern, die ich je gesehen hatte, und sie erinnerte mich an ein riesiges Insekt, wahrscheinlich eine Schnake. »Krempel deinen Ärmel hoch. Das tut nicht weh«, log Miss Barzley. Dann stach sie uns. Es dauerte nur einen winzigen Augenblick, aber wir waren für unser ganzes Leben gezeichnet.

Als sie fertig war, gab sie mir einen Zuckerwürfel, als Belohnung dafür, dass ich nicht ohnmächtig geworden war.

Ich versuchte, mir noch einen zu nehmen, aber sie sah es und vertrieb mich wie ein lästiges Insekt.

Als mir meine Frau 23 Jahre später erklärte, dass es so weit war, dass unser Sohn Stephen jene Impfung bekommen sollte, die einige der Erwachsenen in unserer Zivilisation beschlossen hatten, allen 5-Jährigen zu geben, erklärte ich mich freiwillig bereit, ihn zum Arzt zu bringen. Schließlich war es offensichtlich der einzige Weg, um ihn zu trösten. Da ich selbst einmal so gestochen worden war, wusste ich, was er durchmachte. Ich wollte seine Hand halten, mit ihm gemeinsam zusammenzucken. Mutige Väter machen das heutzutage.

»Papa, tut das weh?« Wir waren auf dem Weg zur Praxis, und ich hatte meinem Sohn gerade erklärt, weshalb wir dorthin gingen. Sofort liefen die Tränen, als die Botschaft seine heile Welt der Cowboyspiele und Spielzeugpistolen zerstörte.

»Nun, mein Sohn«, sagte ich, als ich mich an eine alte Lüge erinnerte, die mir einmal ein Zahnarzt erzählt hatte, »es wird ein wenig pieken.«

»Aber was machen sie da?«

»Sie stecken dir die Nadel in den Oberarm, bis sie am Knie wieder rauskommt.«

»Quatsch«, sagte er lachend und wischte sich die Tränen ab. Wenn Papa über etwas Witze machte, dann konnte es nicht so ernst sein.

»Wenn du tapfer bist, bekommst du hinterher eine Belohnung.«

Das genügte für den Augenblick. Aber als wir angekommen waren, entwickelten sich die Dinge sehr negativ. Im Gegensatz zu meinem Erlebnis damals war die Umgebung hier sehr angenehm, und die Schwester war schlank und freundlich. Aber die Spritze sah noch immer genauso aus wie vor Jahrzehnten, und Stephen war vor Schreck wie erstarrt.

Man bot ihm alle möglichen Belohnungen an, wenn er tapfer blieb: gut riechende Bleistifte (als ob Kinder noch einen weiteren Grund bräuchten, um darauf herumzukauen), Aufkleber, ein Malbuch, noch mehr Aufkleber, Spannungsprüfer, Rentenversicherungen – alles Mögliche, Hauptsache, ER ENTSPANNTE SICH! Aber er tat es nicht, und schließlich bat die Schwester mich, das entsetzte Kind gut festzuhalten, während sie ihm seine Ration verpasste.

Inzwischen ist ein Monat vergangen, und die Schmerzen haben nachgelassen, aber die Erinnerung daran nicht. Heute sind wir auf dem Weg zu einem anderen Arzt. Heute bekommen wir Warzen entfernt – beide. Anscheinend ist die Angst nicht das Einzige, was ich ihm vererbt habe.

»Was machen die?«, fragt Stephen.

»Wahrscheinlich werden sie uns die Füße abschneiden, damit sie dann die Warzen entfernen können«, erwidere ich.

»Quatsch«, meint Stephen lachend.

»Weißt du was? Ich bin bei dir. Denk immer dran, dass ich auch eine Warze habe. Und wenn wir beide ganz mutig sind, dann bekommen wir hinterher eine Belohnung«, sage ich.

Beim Arzt ist Stephen wieder vor Angst wie versteinert. Dass ich bei ihm bin, beruhigt ihn nur wenig, und was ich sage, noch weniger. Schließlich konnte ich ihm auch bei seiner letzten Begegnung mit einem Arzt nicht helfen. Warum sollte es diesmal anders sein?

In der Praxis müssen wir warten. Die Jahreszeiten kommen und gehen. Schließlich kommt der Arzt mit einem Gefäß voll blubberndem Zeug.

»Tut mir leid, dass es so lange gedauert hat«, sagt er.

»Ist schon in Ordnung ... Haben Sie nicht noch etwas anderes zu tun?«

Stephen schaut auf die sprudelnde Wanne. Er hat ganz große Augen. Wie ein Insekt.

»Das ist flüssiger Stickstoff«, erklärt der Arzt. »Fast minus 200 Grad.«

Klasse, er wird uns die Füße abfrieren.

»Sie zuerst, Phil.«

»Äh, ich? Äh, okay, Herr Doktor.«

Langsam ziehe ich meinen Strumpf aus. Er taucht ein Wattestäbchen in die Flüssigkeit und streicht damit über meine Warze. Der kleine Junge sieht nervös zu, während sein Blick zwischen meinem aufgesetzten Lächeln und meinem kranken Fuß hin- und herwandert. »Siehst du, das macht gar nichts, mein Sohn.«

Als Stephen an der Reihe ist, ist er relativ gelassen. Als der Arzt das Wattestäbchen in die Flüssigkeit taucht, schaut er in mein Gesicht. *Papa hat es ausgehalten*, denkt er jetzt, *dann kann ich das auch.*

Kurz darauf sitzen wir ganz in der Nähe in einem Café. Unsere Füße sind noch ein bisschen empfindlich, aber die Stimmung ist gut. Jetzt kommt unsere Belohnung für »überragende Tapferkeit«. Wir nehmen Schokoeis mit Himbeeren. Als es kommt, hat der kleine Mann ein paar Fragen.

»Kommen die Warzen auch nicht wieder?«

»Ich glaube nicht.«

»Hat es bei dir wehgetan?«

»Ein bisschen.«

»Bei mir hat es ganz arg wehgetan ... aber du warst ja bei mir.«

Als wir das letzte bisschen Eis mit Himbeeren aus unseren Schalen kratzen, erzähle ich ihm von Miss Barzley. Dass ich damals in einem dunklen Gang warten musste und dann gestochen wurde. Und von ihren wabbeligen Armen, ihren großen Augen und den langen, spitzen Nadeln. »Manchmal habe ich mir gewünscht, mein Vater wäre bei mir gewesen, Stephen.«

Stephens Eis ist leer, und er schielt zum Getränkeautomaten.

»Bist du froh, dass dein Papa heute dabei war?«, frage ich ihn.

»Ja.« Aber dann fügt er hinzu: »Ich bin froh, dass du auch gestochen worden bist.«

Heute ging mir ein Licht auf, und ich habe Gott in den Worten meines Sohnes erkannt. Natürlich habe ich schon oft darüber gestaunt, dass Jesus in meinem Leben da ist. Natürlich haben mich seine Worte schon oft getröstet. Aber noch nie war mir so bewusst gewesen, warum sein Leiden für mich so viel bedeutet.

Gott wird uns niemals an einen Ort schicken, an dem er nicht schon selbst war. Das wurde mir heute klar.

Jesaja hat es so ausgedrückt: »Wegen unserer Vergehen wurde er durchbohrt, wegen unserer Übertretungen zerschlagen. Er wurde gestraft, damit wir Frieden haben. Durch seine Wunden wurden wir geheilt!« (Jesaja 53,5).

Stephen würde vielleicht sagen: »Ich bin froh, dass er gestochen wurde.«

Ich auch. Und deshalb wird uns nichts heimsuchen, das er nicht selbst durchgestanden hat. Weil er den Tod und die Angst und die Schmerzen besiegt hat, können wir getrost einer ungewissen Zukunft ins Auge sehen. Weil er durchbohrt wurde, haben wir Frieden.

Ganz gleich, ob wir im Krankenhaus sind, in einem leeren Haus oder am Ende einer langen Schlange in einem düsteren Gang – wir können lächeln.

Reise ins Vertrauen

American Airlines, Flug Nr. 420. Strahlend blauer Himmel. Vor mir die Startbahn. Neben mir eine hübsche, blonde Frau in meinem Alter. Es scheint so unwirklich, dass wir die nächsten paar Tage allein für uns haben werden. Vor einigen Stunden noch beteten wir mit unseren drei Kleinen, küssten sie und deckten sie zu. Dann ließen wir sie in der Obhut von guten Freunden zurück (hoffentlich werden wir in 48 Stunden immer noch Freunde sein).

»Es ist wunderbar, einmal ohne die Kinder zu sein«, meint meine Frau. »Dann können wir in Ruhe über sie reden.«

»Willkommen an Bord …« kommt die Stimme des Kapitäns mehr laut als deutlich über die Lautsprecher, während wir zur Startbahn rollen. *Sollte er nicht lieber aufhören zu reden und die Kiste fliegen?*, frage ich mich, als die Räder vom Boden abheben. Scheinbar nicht. Jetzt gibt er den Wetterbericht von Los Angeles durch.

Es gibt da etwas über Flugzeuge und mich, das Sie wissen sollten. Wir halten Abstand voneinander. Mein Schwager wurde in einem Flugzeug geboren. Er liebt Fliegen. Er ist eins mit dem Flugzeug. Ich habe ein eher gespaltenes Verhältnis zu Flugzeugen. Wenn Sie jetzt bei mir wären, würden Sie es sehen. Weiße Fingergelenke. Nervöse Füße. Wenn Sie jetzt bei mir wären, wüssten Sie auch, warum. Meine ganz persönliche Theorie zum Luftverkehr ist, dass diese Dinger eigentlich gar nicht abheben können sollten. Sie sind aus Metall, haben riesige Ausmaße, und innen drin sind viele schwere Koffer, Erwachsene und Verpflegung, die, wenn man die übrigen Reisenden nicht gerade aus der ersten Klasse spöttisch belächelt, noch schwerer im Magen liegt, als sie aussieht.

Eine lächelnde Stewardess zählt die Sicherheitsmaßnahmen des Flugzeugs auf. Aber niemand hört ihr zu. Sie könnte genauso gut erzählen, dass wir unsere Sitze bei einer Notlandung im Wasser als Floß benutzen können, bis die Haie kommen und uns fressen. »Heute haben wir einen Flugschüler im Cockpit«, hätte sie sagen können. »Die ausgebildeten Piloten verlangen zu viel Gehalt … Auf diesem Flug können wir Ihnen auch ein Raucherabteil anbieten … Wenn Sie rauchen möchten, lassen Sie es uns wissen, dann wird einer der Stewards Sie auf die Tragfläche begleiten.«

Ich habe die Tragfläche seit dem Start beobachtet und frage mich, ob diejenigen, die die Dinger warten, wissen, dass die hier so wackelt. Ich frage mich, ob sie alle Schrauben richtig angezogen haben. Vor uns auf dem winzigen Bildschirm läuft ein Film, um die Passagiere vom Denken abzuhalten. »Mann, ich sitze hier sieben Kilometer über dem Erdboden in einem Flugzeug, das vom billigsten Anbieter zusammengeschraubt wurde und von einem Typ mit Südstaatenakzent geflogen wird, den ich nicht mal kenne. Klar kann ich ihn hören, aber woher soll ich wissen, ob ich ihm wirklich vertrauen kann? Woher soll ich wissen, ob er nicht gerade zu seinem Kopiloten sagt: »He, wer hat denn Pacman in den Bordcomputer programmiert?«

Ich glaube, wenn ich den Piloten sehen könnte, würde ich mich besser fühlen. Ich greife nach der Hand der blonden Frau neben mir und schließe die Augen.

Ich werde den Tag nie vergessen, als sie es mir sagte. Für einen verliebten Teenager hatte es keine große Bedeutung. Es war einfach nur ein weiteres Risiko, wenn man jemanden liebte. Aber seit ihrem Anruf im Juni 1980 hat dieses immer gegenwärtige Risiko unsere Jahre täglich neu in eine Reise ins Vertrauen verwandelt. Auf dieser Reise habe ich oft weiße Fingergelenke und wünschte mir, ich könnte den Piloten sehen.

»In meiner Familie gibt es eine Krankheit«, hatte sie damals am Telefon gesagt. »Sie heißt Chorea Huntington. Ich … ich wollte nur, dass du das weißt, bevor … bevor unsere Beziehung intensiver wird.«

Ich merkte, dass ihr die Worte schwerfielen, und wusste nicht, was ich sagen sollte. Ich kann mich nur noch an das seltsame Gefühl in meiner Magengegend erinnern, als sie mir erklärte, was das für eine Krankheit war.

»Es ist eine erbliche Krankheit, die zu geistigem und körperlichem Verfall führt.« Sie hielt inne und wartete auf meine Reaktion. Aber da war nur Schweigen. »Es ist so etwa das Schlimmste, was man sich vorstellen kann«, fuhr sie fort, »und letzten Endes ist es tödlich … Meine sechs Geschwister und ich können diese Krankheit mit einer 50-prozentigen Wahrscheinlichkeit bekommen.«

Während sie sprach, tat ich drei Dinge: Ich hörte zu, ich betete, und ich merkte, dass ich jetzt etwas sagen musste. »Ich möchte dich eines Tages heiraten.« Meine Antwort war das Letzte, was sie erwartet hatte. »Ich liebe dich, Ramona.«

Zwei Jahre später, an einem verregneten, aber glücklichen Tag, wurden wir Mann und Frau.

Inzwischen sind wir über Colorado und müssen mit »Turbulenzen« rechnen, wie es im Fachjargon heißt. Ein Mann in den 40ern auf der anderen Seite des Ganges nennt es anders. Er befindet sich jetzt in der Waagerechten und versucht, die Reste einer verschütteten Flasche mit einem alkoholischen Getränk aufzutupfen. Ich frage mich, wie sein Leben wohl aussieht. Sind Weinflecken auf seiner Hose sein größtes Problem? Oder geht es ihm wie mir, und er wünscht sich, er könnte den Piloten sehen, und fragt sich, was ihm wohl morgen über den Weg laufen wird?

Die Turbulenzen werden schlimmer.

Ramona richtet sich auf und sieht mich mit einem Ausdruck an, der zu sagen scheint: »Sind wir schon abgestürzt, oder habe ich noch Zeit, mein Testament zu ändern?«

»Schlaf weiter«, flüstere ich und drücke ihre Hand. »Es wird schon wieder.«

Die Turbulenzen sind erst einmal vorbei, und als wir aus den dicken, weißen Wolken herauskommen, sehen wir einen Regenbogen.

Ja, es wird alles wieder gut. Ehrlich gesagt fühle ich mich nicht immer so. Manchmal scheinen meine Gebete von der Decke abzuprallen. An manchen Tagen erliege ich der Verzweiflung und frage mich: »Wie kann es jemals ein Happy End geben?« Aber ganz tief innen drin weiß ich die Antwort.

Ich weiß, dass Gott noch nie die Landebahn verfehlt hat.

Ich weiß, dass er in schlaflosen Nächten mit seinem Frieden bei uns war, und ich weiß, dass ich mich an das Versprechen desjenigen halten kann, der noch nie eins gebrochen hat. »Denn ich bin der Herr, dein Gott. Ich nehme dich an deiner rechten Hand und sage: Hab keine Angst! Ich helfe dir« (Jesaja 41,13).

Ja, die gleichen Hände, die das ganze Universum geschaffen haben, formen auch unsere Zukunft. Die gleichen Hände, die an ein römisches Kreuz genagelt wurden, halten meine Hände fest.

Es ist zwar schwer, aber wenn Ihre Fingergelenke ganz weiß sind und sie den Piloten nicht sehen können, dann bleiben Sie dran.

Es war einmal ein Zahnschmerz

Im Frühling meines 14. Lebensjahres erlebte ich zum ersten Mal, wie gefährlich kaputte Zähne sein konnten. Damals garte meine Mutter Kartoffeln, indem sie sie in Alufolie einwickelte, bei 180 Grad in den Ofen legte und dort etwa eine Stunde vor sich hin brutzeln ließ, bis sie weich genug waren. Das überprüfte sie, indem sie mit einer Gabel mitten hineinstach und zusah, wie der Dampf herausstieg. Diese Methode schien zu funktionieren. Es gab nur ein kleines Problem dabei: In den Einstichlöchern der Gabel blieben kleine Fetzen der Alufolie zurück, die störend waren beim Essen und eine grausame Qual für schlechte Zähne. Eines Abends, als unsere Familie ruhig beim Abendessen saß, erlebte ich diese Qualen.

Wenn Sie sich schon einmal Ohrringe haben stechen lassen von jemandem, der nicht zielen kann, dann kennen Sie das Gefühl. »Aaaaah!«, sagte ich, hielt mir eine Seite meines Gesichts und schloss die Augen.

»Schmeckt dir das Essen nicht?«, fragte Mama.

»Aaaaaah!«, antwortete ich.

»Ich glaube, es ist sein Zahn«, sagte Vater, der die Sache erkannte. »Gleich morgen früh rufe ich den Zahnarzt an.«

Ich glaube, an dieser Stelle ist es angebracht zu erwähnen,

dass mein Vater meistens ein sehr mitfühlender, vernünftiger Mensch ist. Aber am nächsten Morgen vergaß er diese Werte, schnallte mich in unseren blauen 1965er Pontiac und hielt vor einem roten Backsteinbau auf der Hauptstraße. In Silberbuchstaben stand auf der Fassade: »Zahnarztpraxis Harold«. Wir Kinder nannten es anders: »Harolds Folterkammer«.

Als wir erst einmal drinnen waren, lockte man mich von meinem Vater weg, einen düsteren Gang entlang und in den berüchtigten Stuhl. Wenige Augenblicke später kam Dr. dent. Harold Pullman herein und erinnerte mich an das, was meine Brüder mir am Vorabend verraten hatten, als es in unserem kleinen Zimmer dunkel geworden war. Sie behaupteten, Dr. Pullman sei früher einmal lachgassüchtig gewesen, habe diese Sucht aber gegen den Alkohol eingetauscht. Er trinke jetzt »wie ein Fisch« und stünde bei der Arbeit oft »unter Alkoholeinfluss«. Als er einmal zur Rede gestellt wurde, gab er es zu, versicherte den Betroffenen aber, dass er in nüchternem Zustand nicht so genau bohren könne, und so war die Sache noch nicht bis vors Amtsgericht gekommen.

Ich musste an die Worte meines Bruders denken, als ich in jenem berüchtigten Stuhl saß und auf den Arzt wartete. Und dann stand Dr. Pullman auch schon über mich gebeugt, mit einem spitzen Edelstahlinstrument von der Größe eines Laternenmastes in der Hand, und ich wusste, dass ich in der Falle saß. »Weit aufmachen«, sagte er, während seine Assistentin eine Lampe auf meine Augen richtete. »Geben Sie mir den D764 mit dem feinen Haken.« Er streckte die Hand aus, bekam das Instrument und fing an zu stochern.

»Na, dann schauen wir mal … oh ja, Philip. Hattest du in letzter Zeit Zahnschmerzen?«

»Jaah«, erwiderte ich.

»Ist es der da?«

»Ngeing.«

»Der hier?«

»Ngeing.«

»Der hier?«

»Aaaaahh!«

»Er ist entzündet«, sagte Dr. Pullman und kratzte mich sachte wieder von seiner Stuckdecke. »Sieht aus, als müssten wir eine Wurzelbehandlung machen. Das müssen wir gleich machen, sonst gehst du morgen auf allen vieren.« Durch den Schmerz hörte ich schlecht. Ich verstand nur noch etwas von »Wursthandlung«, »Fleischhaken« und »amputieren«.

Ich sprang vom Stuhl und schrie: »Papaaa! Hilfe!«

Seither sind zwei Jahrzehnte vergangen, aber an diese Amputation erinnere ich mich heute noch. Schmerz scheint eine Erfahrung zu sein, die wir Menschen erst im Nachhinein zu schätzen wissen. Wenn Sie mir nicht glauben, gehen Sie doch einfach auf irgendeine Party mit Erwachsenen. Die Frauen sitzen auf dem Sofa und unterhalten sich leise, und die Männer stehen herum, klimpern mit den Eiswürfeln in ihren Drinks und fragen sich, was ihre Frauen gerade über sie erzählen. In Wirklichkeit reden die Frauen aber gar nicht über ihre Männer, sondern über vergangenes Leid.

Julie: Meine Fruchtblase ist zwei Wochen bevor Joel geboren wurde geplatzt.

Rosalie: Was du nicht sagst. Ich dachte auch, Ben würde nie auf die Welt kommen. Die Wehen dauerten 23 Stunden.

Sharon: Bei unserer Ältesten waren es 23 Tage. Dann haben sie sie mit Kaiserschnitt geholt.

Ruth: Ich kann mich an gar nichts erinnern. Sie haben mich betäubt. Ich bin erst wieder aufgewacht, als Timothy John in der dritten Klasse war.

Unterdessen reden die Männer über weniger gewaltsame Aktivitäten, wie zum Beispiel Football.

Stephen, unser 7-Jähriger, hatte soeben sein erstes Zahnerlebnis. Er hat auf einen Eiswürfel gebissen, und dann hing ein Zahn wie eine lose Dachschindel von seinem Kiefer. Was jetzt? Wenn ich den Zahn drinlasse, fällt er vielleicht raus, während er schläft, und er verschluckt sich daran. Und den Zahn ganz herauszuziehen? Wie soll das gehen, ohne dass ich dabei einen Finger einbüße? In den schlauen Erziehungsbüchern steht darüber nichts.

»Binde den Zahn doch einfach mit einer Angelschnur an den Türgriff«, schlägt meine Frau vor und eilt dann aus dem Zimmer. »Und dann schlägst du die Tür zu.«

»Wie bitte?«

Sie legt den Rückwärtsgang ein und streckt den Kopf noch einmal herein. »Mein Vater hat das gemacht. Es hat funktioniert.«

»Er hat dir die Tür ins Gesicht geschlagen?«

»Nein. Ich stand im Eck, und er schlug die Tür zu. Mein Zahn flog bis an die Wand.«

»Was?«

»Ach, vergiss es. Ich hole das Zeug.«

Das Zeug ist eine kleine Tube mit Gel, das alles vereist, was es berührt. Ich streiche mir ein wenig davon auf die Zunge, um zu sehen, ob es funktioniert. Oh ja, ef funkfioniert. Dann streiche ich Stephen etwas davon aufs Zahnfleisch, und er rennt sofort wie wild im Kreis. (Das stand nicht bei den Nebenwirkungen. Scheinbar ist ihm der Schmerz schon zu Kopf gestiegen.)

Nach einer Stunde sind wir dem Ziel immer noch keinen Schritt näher gekommen. Schließlich halte ich seinen Kopf fest und meine: »Dann muss er eben drinbleiben.«

»Neiiin!«

Während er aufschreit, drücke ich mit meinen Daumen gegen den Zahn. Der Zahn fällt heraus, und Stephen beißt mich in den Finger. Entsetzt schaut er mich an, hält den Zahn in der hohlen Hand und lacht schließlich unter Tränen.

»Papa, warum haben wir Schmerzen?« Jetzt ist es schon längst Schlafenszeit, aber Stephen kann nicht einschlafen. Der Zahn unter seinem Kopfkissen wird sich bis zum Morgen in einen Dollar verwandelt haben, aber er will mehr für sein Leiden.

»Das ist eine gute Frage, mein Sohn.«

Seine Zunge fährt immer wieder über die Zahnlücke in seinem Mund, und ich suche nach einer Antwort. Wie erklärt man einem 7-Jährigen, dass die Welt ein grausamer Ort und das Leben nicht fair ist? Wie erklärt man ihm, dass er leiden wird? Und dass unser Schmerz manchmal der Vorbote für einen neuen Zahn oder ein neues Baby ist, aber dass wir manchmal auch nur an einen Behandlungsstuhl gebunden sind und vom Licht geblendet werden? Wie erklärt man, dass es selten Wachstum ohne Schmerzen gibt? Oder mit den Worten von C. S. Lewis ausgedrückt: »Gott flüstert uns zu, wenn wir uns freuen, er spricht zu uns in unserem Bewusstsein, aber er schreit durch unsere Schmerzen. Es ist sein Lautsprecher für eine taube Welt.«

Das Einzige, was mir in den Sinn kommt, ist meine eigene Amputation durch Dr. dent. Harold Pullman. Und so erzähle ich sie ihm. Er hört zu und amüsiert sich köstlich. Dabei schnalzt er unbewusst immer wieder mit der Zunge und grinst.

»Weißt du, Stephen, eines Tages werden alle unsere Schmerzen nur noch eine Erinnerung sein. In der Bibel steht, dass Gott einen Ort für uns vorbereitet, und wenn wir dorthin kommen, wird er alle unsere Tränen abwischen. Dann gibt es keinen Tod, keine Tränen und keinen Schmerz mehr. Denk daran, wenn du das nächste Mal auf einen Eiswürfel beißt.«

»Okay.«

»Jetzt musst du aber wirklich schlafen. Gute Nacht, mein Sohn.«

»Gute Nacht.« Jetzt sieht der Junge entschlossener aus. »Papa? Wie hat er den Zahn gezogen?«

»Mit einem großen, silbernen Werkzeug.«

»Hat es wehgetan?«

»Oh ja, es hat wehgetan.«

»Papa ... ich habe noch zwei.«

»Zwei was?«

»Zähne, die wackeln.«

»Nach denen schauen wir morgen, in Ordnung?«

»Ja«, sagt er durch die Zahnlücke in seinem Mund. »Morgen.«

»Kannst du jetzt schlafen, Stephen?«

»Ich glaub schon.« Er spielt immer noch mit seiner Zunge. »Papa?«

»Das ist aber jetzt die letzte Frage.«

»Okay. Nicht wahr, Mama ist die Zahnfee?«

Die größte Überraschung meines Lebens

»Erzählen Sie doch mal, was die größte Überraschung Ihres Lebens war.«

Diese Frage stellte der Moderator einer Talkshow in Chicago. Sie war an mich gerichtet. »Äh … die größte Überraschung?«, stotterte ich. »Ich glaube, Ihre Frage.«

Da ich inzwischen Zeit gehabt habe, darüber nachzudenken, würde ich es etwas anders formulieren. Ich könnte natürlich unsere Kinder nennen. Sie kamen so schnell hintereinander, dass die Betäubung von der ersten Geburt bei der dritten immer noch wirkte.

Ein Freund fragte mich einmal, wie das ist, drei Kinder innerhalb von drei Jahren zu bekommen. Ich habe ihm gesagt, dass Ramona und ich weitaus zufriedener sind als jemand mit drei Millionen Dollar.

»Warum?«

»Nun, jemand mit drei Millionen Dollar will mehr.«

Aber mal ernsthaft: Jedes unserer drei Kinder ist eine große Freude. Es ist eine Freude, sie wachsen zu sehen, zuzusehen, wie sich ihre geistlichen Gaben entwickeln. Nehmen wir zum Beispiel Jeffrey. Er ist zwar erst vier, aber er praktiziert schon die Gabe der Ermutigung. Vor ein paar Tagen hat er mit einer ehemaligen Freundin von uns gesprochen, die Figurprobleme hat. Sie hat selbst zugegeben, dass sie ständig heimlich an den Kühlschrank geht und dann eine Diät nach der anderen macht. Offensichtlich spürte Jeffrey, wie entmutigt sie war, und beschloss, seine Gabe ganz praktisch anzuwenden. »Äh«, sagte er, »wusstest du, dass Dinosaurier noch viel dicker waren als du?« Wissen Sie jetzt, warum ich »*ehemalige* Freundin« schreibe?

Ja, unsere Kinder haben ihren Anteil an den Überraschungen in unserem Leben. Aber wenn mich jemand nach der größten Überraschung in meinem Leben fragte, dann würde ich etwas anderes erzählen.

Vielleicht würde ich meine Akten durchwühlen. Da finden sich alle möglichen interessanten Zeitungsausschnitte. Schauen wir doch mal nach … Reich Gottes … Sabbatjahr … Theodizeefrage … Aha, hier ist er ja: Überraschung. Der Ordner ist nicht besonders dick, aber gleich obendrauf liegen ein paar Entschuldigungen, die kreative Eltern für ihre Kinder an die Lehrer geschrieben haben:

»Monika konnte ihrem Unterricht heute leider nicht folgen. Ich bitte Sie, sie zu entschuldigen.«

»Paul konnte gestern wegen eines Schwindels nicht in die Schule gehen.«

Mein Vater kann Ihnen viel von Überraschungen erzählen. Erst vor ein paar Tagen erlebte er wieder eine, als er zu uns kam und an der Haustür mit jenen liebevollen Worten begrüßt wurde, die alle Großeltern so gerne hören: »Hallo Opa, hast du Süßigkeiten mitgebracht?« Als Stephen mit seinem Großvater dann auf dem Sofa saß und einige davon aß, fragte sein Opa ihn: »Was willst du denn mal werden, wenn du groß bist?« Der 7-Jährige legte die Stirn in Falten und dachte einen Moment lang nach. »Ich möchte gerne in einer Rockband Schlagzeug spielen«, sagte er.

Nachdem sich mein 72-jähriger Vater langsam wieder aufgerappelt hatte, meinte er: »Können Großmutter und ich dann mal kommen, um dich spielen zu sehen?« »Nein«, erwiderte Stephen, ohne auch nur eine Sekunde zu zögern, »da seid ihr schon tot.« Manchmal sind Kinder einfach zu ehrlich.

»Was war die größte Überraschung in Ihrem Leben?«

Ich glaube, wenn mein Vater in dieser Talkshow gesessen hätte, hätte er diese Frage mühelos beantworten können. Und jetzt, da ich ein wenig Zeit hatte, um darüber nachzudenken, weiß ich die Antwort auch. Ich würde folgende Geschichte erzählen:

Es fing letztes Jahr im März an, als ich zu Hause anrief. »Ich habe tolle Neuigkeiten«, berichtete ich meiner Frau. Dann las ich ihr etwas von der Titelseite der Tageszeitung vor: »Nach jahrelanger Forschungsarbeit ist es jetzt gelungen, das Gen, das Chorea Huntington auslöst, zu identifizieren. Hoffnungen auf eine Heilung der tödlich verlaufenden neurologischen Erkrankung steigen.« Ramona hörte mit klopfendem Herzen zu.

Als Teenager hatte man ihr erzählt, dass ihr Vater diese Krankheit gehabt hatte, bevor er durch einen Unfall ertrunken war. Das bedeutete, dass sie mit 50-prozentiger Wahrscheinlichkeit an dieser Krankheit sterben würde. Über die nächsten 20 Jahre musste sie zusehen, wie drei ihrer Geschwister – alle in ihren 30ern – die Krankheit bekamen, und einer davon landete schließlich im Pflegeheim.

Als dieser Zeitungsartikel erschien, hatte Ramona sich bereits damit abgefunden, dass sie die Krankheit auch hatte. Sie zeigte alle Symptome: Depressionen, Schlafmangel, Gedächtnisverlust, Reizbarkeit, gelegentliche Ungeschicklichkeit – sogar Heißhunger auf Süßigkeiten. Ich sagte ihr immer wieder, dass jedes dieser Symptome auch damit zusammenhängen könnte, dass sie mit mir zusammenlebt. Eine Zeitlang fand sie das witzig, aber jedes Mal, wenn sie stolperte oder vor dem Kühlschrank stand und nicht mehr wusste, was sie dort wollte, wusste sie, dass sie Chorea Huntington hatte. Also erzählte ich es ihr jedes Mal, wenn *ich* mir den Zeh anstieß und wenn *ich* vor dem Kühlschrank stand und abwesend auf die Flasche mit Salatdressing starrte (was täglich vorkam). Und dann lachten wir. Und manchmal weinten wir auch.

Mit dieser Tageszeitung kam die Erkenntnis, dass Risikopatienten zum ersten Mal durch einen einfachen Bluttest feststellen konnten, was aus ihnen werden würde.

Und so saßen wir zwei Monate später in einem kalten, sterilen Labor, und eine Schwester nahm Ramona Blut ab. Für gewöhnlich bin ich nicht besonders scharf darauf, dabei zuzusehen, aber diesmal wollte ich sichergehen, dass alles richtig lief. »Besteht irgendwie die Gefahr, dass die Blutproben vertauscht werden könnten?«, fragte ich und überlegte dabei, wie oft sie diese Frage wohl schon zu hören bekommen hatte. Die Schwester lächelte ob meiner Sorge und zeigte uns dann, wie die Proben beschriftet wurden. Ich war sehr dankbar. Aber ich hatte keine Ahnung, dass wir wegen mangelnden öffentlichen Interesses an der Methode und noch mangelnderen Regierungsgeldern zehn Monate auf das Ergebnis warten mussten.

Während dieser Zeit waren wir überrascht, wie tröstlich Gottes Verheißungen waren. In den zahllosen Nächten, in denen wir schlaflos im Bett lagen, kamen mir Bibelverse aus meiner Kindheit in den Kopf, die uns trösteten. »Gott ist unsere Zuflucht und Stärke, ein bewährter Helfer in Zeiten der Not. Darum fürchten wir uns nicht, selbst wenn die Erde erbebt, wenn die Berge wanken und in den Tiefen des Meeres versinken« (Psalm 46,2-3). »Denn ich allein weiß, was ich mit euch vorhabe: Ich, der Herr, werde euch Frieden schenken und euch aus dem Leid befreien. Ich gebe euch wieder Zukunft und Hoffnung« (Jeremia 29,11).

Manchmal sang ich ihr auch vor:

Wenn Friede mit Gott meine Seele durchdringt,
ob Stürme auch drohen von fern,
mein Herze im Glauben doch allezeit sing:
»Mir ist wohl, mir ist wohl in dem Herrn.«

Wenn ich dann zu Ramona hinüberschaute, schlief sie meistens. Und fast immer lächelte sie.

Anfang Januar kam dann der Anruf. Das Warten hatte ein Ende. Das Urteil war gefällt, und wir sollten es erfahren – am 14. Februar, Valentinstag. *Sollte das ein makaberer Scherz sein?*, fragte ich mich. *Es war doch der Tag der Liebe und der Verliebten ... nicht der Tag der Todesurteile.* Aber dann wurde mir klar, wie passend das war. Als ich am 28. August 1982 in der Kirche stand, versprach ich, immer ihr Geliebter zu sein, ganz gleich, was uns widerfahren würde, in Krankheit und Gesundheit, bis dass der Tod uns scheidet. Damals hatte ich keine Ahnung, was das heißen sollte, aber dieses Versprechen wollte ich nicht brechen. Und als wir an diesem Valentinstag das Wartezimmer betraten, erneuerte ich mein Versprechen.

Ein anderes Ehepaar und mein Bruder Tim leisteten uns Gesellschaft. Tim ist ein erfahrener Pastor, müssen Sie wissen. Er erzählte lustige Geschichten, während wir warteten. Das klingt vielleicht ein wenig seltsam oder unsensibel, vielleicht sogar respektlos, aber wir hatten schon genug geweint. Wir hatten die letzten zehn Monate auf den Knien verbracht, und so lachten wir noch einmal herzhaft, angesichts der bevorstehenden Tränen. Tim hatte gerade wieder einen Witz erzählt, als der Arzt hereinkam und sich irritiert umsah. In *diesem* Wartezimmer wurde nicht gelacht.

Wir gingen einen Gang entlang in ein schwach erleuchtetes Büro. Neben einem Schreibtisch aus Eichenholz saß eine weitere Ärztin. Mir fiel auf, dass niemand lächelte. Wir begrüßten uns nervös. Sie öffnete einen Umschlag, studierte den Inhalt und sagte dann freundlich: »Ramona, Sie haben das normale Gen.«

In den nächsten Sekunden rasten mir tausend Gedanken durch den Kopf. *Sie hat die Krankheit. Das normale Huntington-Gen. Unsere Kinder bekommen mit 50-prozentiger Wahrscheinlichkeit das Gleiche. In zehn Jahren wird die Frau, die ich liebe, bettlägerig sein.* Dann sagte die Ärztin: »Das heißt, Sie haben kein Chorea Huntington.«

Stille.

»Wollen Sie damit sagen, ich habe die Krankheit NICHT?« Ramona saß auf der Stuhlkante.

»Nein, Sie haben sie nicht.«

»Ich habe sie NICHT?« Jetzt stand sie.

»Nein.«

Ehe wir es uns versahen, waren wir den beiden Ärzten um den Hals gefallen und bedankten uns überschwänglich bei ihnen. Als wir wieder auf dem Gang waren, wussten wir nicht mehr, aus welcher Richtung wir gekommen waren. Aber das war uns egal.

Wenn ich an Glück denke, dann muss ich an diesen Augenblick denken. Wer würde sich über eine solche Nachricht nicht freuen? Wer würde nicht feiern, wenn soeben ein Todesurteil, das 20 Jahre über einem geschwebt hatte, für nichtig erklärt worden war?

Aber wenn mich heute jemand nach der größten Überraschung in meinen 32 Jahren auf dieser Erde fragen würde, würde ich nicht über Glück reden. Ich würde über *Freude* sprechen. Die vergangenen zehn Monate kann man kaum als glücklich bezeichnen. Aber seltsamerweise waren sie randvoll mit Freude gewesen. Freude hängt nicht von einem glücklichen Ausgang der Dinge ab oder von guten Neuigkeiten und positiven Umständen. Freude kommt, wenn man weiß, dass Gott gut ist, ganz gleich, was passiert. Ganz gleich, was passiert, Gott liebt mich. Ganz gleich, was passiert, wir werden ewig leben, weil Gott das Todesurteil über seinem Sohn verhängt hat.

Sie fragen sich jetzt wahrscheinlich, was mit Ramonas Symptomen ist. Nun, die Ärzte führen sie auf eine Depression zurück. Aber in letzter Zeit lächelt sie öfter. Und sie gesteht sich endlich ein, dass die meisten Symptome tatsächlich damit zu tun haben könnten, dass sie mit mir zusammenlebt. Nur bei ihrem Heißhunger auf Essiggurken und Eis bin ich mir da nicht so sicher.

Von Peter, Paul und Barry

Als Kind spielte ich für mein Leben gerne mit den großen Jungs Baseball. Wenn ich an der Reihe war, dann warfen Jungs, die die Bälle normalerweise wie Kanonenkugeln schossen, den Ball in einem langsamen Bogen. Ich zitterte vor Aufregung und schwang den Schläger irgendwie grob in die Richtung des Balles. Danny Boutwell, ein hochgewachsener Teenager, der bedrohlich schnell werfen konnte, war besonders gnädig. Nach meinem halbherzigen Schwung sagte er immer: »Ist schon in Ordnung, Philip. Versuch's noch mal. Versuch mal, erst auszuholen, wenn ich den Ball schon geworfen habe.« Dann spuckte er in den Staub, kam drei

Schritte näher und warf den Ball noch langsamer, damit ich noch einmal schlagen konnte. »Immer mit der Ruhe«, sagte er dann, »du hast 13 Versuche.«

Gelegentlich traf ich den Ball sogar, und das hieß, dass ich auf jeden Fall zur ersten Base kam, weil alle im Infield schon eingeschlafen waren. Aber meistens verlor Larry Charter, der rechts spielte, bei meinem sechsten oder siebten Versuch die Geduld, sprang wie ein Schiedsrichter zwischen der ersten und zweiten Base herum und rief: »Er ist draußen! Er ist draußen!« Danny Boutwell, der am Abwurf sehr imponierend wirkte, starrte Larry böse an, lächelte dann und winkte mich zurück auf meine Position. »Er darf noch mal schlagen«, sagte Danny dann. Und dann warf er mir noch einen sanften Ball zu, wie eine große Grapefruit, die immer größer und reifer wurde, je näher sie kam. Meine Hände zitterten. Meine Knie schlotterten. Und einmal, an einem wunderschönen Tag Ende Mai, an dem die Sonne schien, die Vögel zwitscherten und eine leichte Brise Richtung rechtes Spielfeld blies, traf ich diese Grapefruit genau in der Mitte – und schlug sie geradewegs über Larrys Kopf hinweg. Er schlurfte beschämt über den Schotter, um den Ball zu holen, während ich breit grinsend über die Bases rannte. Als ich über die Home Base rannte, sah ich zu Danny. Er grinste auch.

Oh, wie ich es liebte, mit den großen Jungs Baseball zu spielen.

Vor Kurzem sprach ich zu einer Männergruppe. Ich redete über Baseball und erzählte von meinem Vater. Ich glaube, ich hatte den Vortrag »Was mein Vater richtig gemacht hat« betitelt. Danach kam ein Mann auf mich zu, der höchstens 40 sein konnte. Auf seinem Namensschild stand »Barry«. »Vielen Dank«, sagte er. »Ich musste mal wieder richtig lachen.«

Und dann verriet er mir, warum. »Wenn ich von Menschen wie Ihren Eltern höre, die 50 Jahre verheiratet sind, dann möchte ich mich am liebsten im nächsten Mauseloch verkriechen. Ich bin schon bei Nummer drei angelangt. Wie soll das noch weitergehen?«

Normalerweise fällt mir die richtige Antwort erst viel später ein. Also schickte ich ein Stoßgebet zum Himmel und sagte dann, was mir gerade in den Sinn kam: »Gott kann das Gestern vergeben und Ihnen helfen, heute treu zu bleiben.« Ihm standen die Tränen in den Augen. »Ich fühle mich wie ein Versager«, sagte er und ging weg.

Ich wünschte, ich könnte noch einmal mit Barry reden. Dann würde ich ihm von Danny Boutwell erzählen und den sanften Bällen aus der Hand eines Jungen, der wahre Geschosse abfeuern konnte. Ich würde ihm von Gottes Gnade erzählen.

Und dann würde ich ihm von John Creasey erzählen. Bei seinem Versuch, ein Buch zu veröffentlichen, bekam John 753 Absagen. Genau, 753. Er hätte sein ganzes Haus damit tapezieren können. Aber John war nicht so sehr an Innendekoration interessiert. Stattdessen schickte er noch einmal ein Manuskript weg. Und als Ergebnis veröffentlichte der britische Romanautor 564 Bücher.

Ich wünschte, ich könnte Barry von Babe Ruth erzählen. Die meisten Sportfans wissen, dass Babe Ruth 714 Home Runs geschlagen hat. Aber kaum jemand weiß, dass er auch 1330 Mal danebengeschlagen hat.

Aber am meisten möchte ich Barry erzählen, dass die Bibel voller Geschichten von Heiligen ist, die danebengehauen haben. Ich würde ihm von Petrus erzählen, dem Jünger, der geschworen hatte, Jesus nachzufolgen, koste es, was es wolle, und der dann schwor, ihn nicht zu kennen. Ich würde ihm erzählen, dass Mose stotterte, dass Thomas zweifelte, dass Zachäus zu klein war und dass Jona vor Gott davonlief, in das Maul des Wals. Ich würde ihm von David erzählen, der gerne auf dem Hausdach saß. Ein König, der die Ehe brach und seinen Rivalen umbringen ließ und dann erstaunlicherweise als »Mann nach dem Herzen Gottes« bezeichnet wurde. Warum? Weil David wusste, wo er mit seinem Versagen hinkonnte, genau wie Petrus und Mose und Thomas und Zachäus und Jona. Als der Prophet Natan ihm seine Schuld vor Augen hielt, betete David:

> »Du großer, barmherziger Gott, sei mir gnädig, hab Erbarmen mit mir! Lösche meine Vergehen aus! Meine schwere Schuld – wasche sie ab, und reinige mich von meiner Sünde! … Erschaffe in mir ein reines Herz, o Gott; erneuere mich, und gib mir Beständigkeit! Stoße mich nicht von dir, und nimm deinen Heiligen Geist nicht von mir! Schenk mir Freude über deine Rettung, und mach mich bereit, dir zu gehorchen!« (Psalm 51,3-4 u. 12-14)

David erkannte, »Nur einen Augenblick streift uns sein Zorn, aber ein Leben lang währt seine Güte« (Psalm 30,6). »Versagen ist nicht, hinzufallen«, würde David vielleicht sagen, »sondern nicht wieder aufzustehen.«

Bei den Olympischen Spielen 1992 erlitt der britische Läufer Derek Redmon mitten im Rennen einen Bänderriss. Während die übrigen Läufer auf das Ziel zuliefen, blieb Derek am Boden liegen, hielt sich das Bein und stöhnte vor Schmerz. Jahrelang hatte er auf dieses Ziel hingearbeitet:

Olympisches Gold. Jahrelang hatte er all seine Kraft auf eine einzige Sache konzentriert: den Sieg. Und jetzt lagen diese Hoffnungen und Träume im Staub der Aschebahn begraben.

Und dann geschah das Unglaubliche. Die Kameras schwenkten zu Derek, der langsam aufstand. Die Zuschauer sahen, wie er wieder anfing zu laufen, fest entschlossen, das Rennen zu beenden. Aber nach einigen Schritten gaben seine Beine nach, und er konnte nur noch langsam gehen.

Da erschien ein Mann auf der Bahn. Die Sicherheitsbeamten versuchten, ihn aufzuhalten, aber er war genauso wild entschlossen wie der Läufer. Er legte Derek den Arm um die Schulter und redete auf ihn ein. Unter dem donnernden Applaus der Menge überquerten die beiden die Ziellinie.

Der Mann war Dereks Vater.

Barry, ich hoffe, dass du an Derek denken wirst, wenn du das hier jetzt liest. Und ich hoffe, dass du an die Worte des Apostels Paulus denkst:

>»Aber eins steht fest: Ich will alles vergessen, was hinter mir liegt, und schaue nur noch auf das Ziel vor mir. Mit aller Kraft laufe ich darauf zu, um den Siegespreis zu gewinnen, das Leben in Gottes Herrlichkeit. Denn dazu hat uns Gott durch Jesus Christus berufen« (Philipper 3,13-14).

Hatten Sie in letzter Zeit einmal weiche Knie?

Liegen Ihre Träume im Staub der Aschebahn begraben? Vielleicht fühlen Sie sich auch wie ein kleines Kind, das auf der Home Base steht und sich fragt, wer all die nicht getroffenen Bälle zählt. Vergessen Sie niemals: Gott ist bei Ihnen. Er steht über allem und bietet Ihnen seine Vergebung und seine starke Hand an.

Mit seiner Hilfe können Sie den nächsten Ball quer übers Spielfeld schlagen und weit darüber hinaus.

Tricks, die mir mein Hund beigebracht hat

Wir haben es tatsächlich getan. Nach sechs Monaten voll Versprechungen und zehn Jahren innerem Kampf haben wir schließlich einen Hund gekauft. Bitte fragen Sie mich jetzt nicht, warum. Mir fällt immer noch keine gute Antwort darauf ein.

Als ich noch jung war, schienen wir irgendwie immer einen Hund zu haben, aber keiner unserer Hunde blieb lange bei uns. Inky war der erste. Es war ein kohlrabenschwarzer Terrier, der es liebte, die Menschen zu überraschen. Wer im Dunkeln an unserem Haus vorbeiging, den Blick voll Staunen nach oben auf die Nordlichter gerichtet, der ahnte ja nicht im Geringsten, wie schnell er rennen konnte – bis Inky es ihm zeigte. Inky brachte die Menschen zu Höchstleistungen. Sie schrien so laut sie konnten, rannten so schnell sie konnten und schrieben die wortgewandtesten Briefe an meine Eltern.

»Wir sollten ihn an die Klebstofffabrik verkaufen«, hörte ich meinen Vater eines Abends zu meiner Mutter sagen.

»Wen? Den Hund oder den Kerl, der den Brief geschrieben hat?«

Ich frage mich heute noch, wie viel sie für Inky bekommen haben.

Als ich in der dritten Klasse war, wollten meine Eltern mir einen Irischen Setter kaufen, aber der Besitzer war nicht einverstanden. »Nein. Sie können sie umsonst haben«, bestand er. Mein Vater war nicht überzeugt. »Hier haben Sie 20 Dollar«, sagte der Besitzer, um die Sache noch attraktiver zu machen. »Sie ist nicht leicht zu erziehen, aber sie ist sehr anhänglich.«

Wir nannten sie Lady, was wahrscheinlich der unpassendste Name war, den je ein Hund bekommen hat, der sabberte wie ein tropfender Wasserhahn. Lady half mir jeden Morgen, mich für die Schule fertig zu machen: Sie konnte mein Gesicht in zwei Sekunden waschen.

Eines Sonntags kamen wir aus dem Gottesdienst nach Hause und entdeckten, dass sie die Sohlen aller unserer Schuhe zerkaut hatte. Genau genommen immer von einem Schuh von jedem Paar. Der Pastor hatte an diesem Morgen über Geduld gepredigt und dass Prüfungen helfen, Geduld zu üben, aber ich glaube, Vater hatte nicht zugehört. Er gab den Hund noch am gleichen Tag weg, und innerhalb einer Woche brachte Lady zwölf kleine Welpen zur Welt. Im Ernst. Ich habe den ganzen Sommer gebettelt, ob ich einen davon haben dürfe. Und ich bin den ganzen Sommer barfuß gelaufen – außer an Sonntagen.

In der fünften Klasse habe ich mich in den perfekten Hund verliebt – Mojo, einen Mischling mit schwarzer Zeichnung im Gesicht und genug Charme, um auch den eingefleischtesten Katzenliebhaber zu überzeugen. Sie war 15 Jahre lang mein Assistenz-Hund. In der Highschool nahm ich einmal an einer Podiumsdiskussion in unserem Kommunikationskurs teil, zum Thema »Das ideale Haustier: Katze oder Hund?«. Als ich darauf hinwies, dass Gott Katzen geschaffen hatte, um zu zeigen, dass nicht alles auf der Welt einen Sinn haben muss, bedrohten mich ansonsten ganz harmlos scheinende Mädchen plötzlich mit Linealen aus Metall. Wie gerufen brachte genau in diesem Moment meine Freundin

Mojo herein. Sie rutschte mir auf dem Linoleumboden entgegen, machte Freudensprünge, leckte meine Ohren ab und wich mir nicht mehr von der Seite. Innerhalb weniger Minuten kam die ganze Klasse, einer nach dem anderen, nach vorne und sagte etwas Nettes. An diesem Tag gewann ich die Podiumsdiskussion. Ohne jeden Zweifel. (Anmerkung für Katzenliebhaber: Wenn Ihnen diese Themen sehr am Herzen liegen oder wenn Sie den Eindruck haben, der Autor habe bei der Diskussion zu manipulativen Mitteln gegriffen, können Sie ihm postlagernd nach Kapstadt, Südafrika schreiben.)

Als unsere Kinder noch ganz klein waren, erzählte ich ihnen Geschichten von Mojo, von ihrer treuen Hingabe an mich, wie ich ihr beibrachte, sich auf Befehl zu setzen, Pfötchen zu geben und zu betteln. Davon, wie sie einmal vier kleine Kinder aus einem brennenden Haus gezerrt hatte. Als sie alt genug waren zu erkennen, welche der Geschichten wahr waren, wollten sie selbst einen Hund haben. Vor zwei Monaten erhörten wir ihre Bitten schließlich und kauften den süßesten kleinen Hund seit Lassie. Diesen Hund muss man einfach gernhaben. Wir werden von Fremden auf der Straße angesprochen, die uns ihre Geschichten erzählen. Noch nie hatten wir so viele Freunde.

»Wie sollen wir sie nennen?«, fragte ich die Familie am ersten Abend.

»Wie wär's mit Pfützi«, meinte meine Frau.

Aber das wollten die Kinder nicht.

Es gab nur eine Möglichkeit: Mojo.

Als sie uns beim Abendessen mit ihren großen, traurigen Augen anschaute, die zu sagen schienen: »Ihr wollt doch nicht etwa das ganze Hühnchen alleine essen?«, fragte Jeffrey: »Papa, wird es im Himmel Hunde geben?«

»Ich wüsste nicht, warum nicht«, erwiderte ich. »Bei Katzen bin ich mir nicht so sicher.«

»He!«, protestierte Rachael, die jede Katze nach Hause schleppt. »Katzen sind toll.«

Innerhalb einer Woche habtten die Kinder dem Hund beigebracht, sich zu setzen, sich hinzulegen und die falsche Pfote zu geben. Und seltsamerweise hat Mojo uns auch ein paar Tricks beigebracht. Hier ist eine Auswahl davon.

1. Halte dich vom Schaukelstuhl fern. Manchmal lese ich spätabends noch Zeitung und ertappe mich dabei, wie ich mit Mojo rede und ihr erzähle, was in der Welt läuft. Dann sage ich: »Es sieht gar nicht gut aus, Mojo. Ich mache mir wirklich Sorgen um die Situation im Nahen Osten.« Und dann denkt sie: »Ob er mich wohl mal an seinem Eis lecken lässt?« »Schau nur, was in Washington abgeht!«, sage ich. »Es sieht ziemlich düster aus.« Dann dreht sie sich auf die andere Seite und denkt: »Hoffentlich steht er auf und macht eine Büchse Thunfisch auf.«

Von einem Hund können wir wirklich etwas lernen. Ein guter Hund weiß, dass die Zeitung für bestimmte Dinge nützlich ist, aber er weiß auch, dass Sorgen wie ein Schaukelstuhl sind. Man bewegt sich, aber man kommt nicht vom Fleck.

2. Bewege den richtigen Körperteil. Ich habe einmal ein Mädchen, das als beliebtestes Mädchen ihrer Schule gewählt wurde, gefragt, was ihr Geheimnis sei. Sie sagte: »Ich höre zu.« Schon als kleines Kind hatte ihr Vater ihr beigebracht: »Es gibt keinen Menschen auf der Erde, der nicht mindestens ein bisschen einsam ist.« Das ist ein sehr kluger Rat. Hunde haben natürlich keine Wahl, weil sie gar nicht sprechen können (obwohl unsere Kinder daran arbeiten).

Aber sie können uns an ein paar sehr kluge Worte erinnern: »Seid immer sofort bereit, jemandem zuzuhören; aber überlegt genau, bevor ihr selbst redet. Und hütet euch vor unbeherrschtem Zorn!« (Jakobus 1,19). Ein altes spanisches Sprichwort sagt: »Zwei große Redner bleiben nicht lange zusammen.« Hunde haben so viele Freunde, weil sie mit dem Schwanz wedeln und nicht mit der Zunge.

3. Väter sollten auf den Hund kommen. Ob sie es glauben oder nicht, ich bin der Meinung, dass Männer etwas lernen können, wenn sie auf den Hund kommen. In vielerlei Hinsicht wären Hunde zwar miserable Ehemänner, aber wenn wir mal ehrlich sind, dann zeigen sie reichlich Zuneigung (manchmal auch zu viel) und haben bewundernswerte Charaktereigenschaften. Sie scheinen nicht nachtragend zu sein und beklagen sich auch nicht, wenn das Bett nicht gemacht ist. Sie sind mutig und werden die Dame des Hauses um jeden Preis verteidigen. Wenn die Kinder laut werden oder lebhaft sind, schreien sie nicht, sondern machen einfach mit. Und sie beklagen sich fast nie über das Essen. Das soll hier einmal genügen.

4. Kopf hoch. Als Stephen gestern von der Schule nach Hause kam, sah ich ihm schon an, wie sein Tag gelaufen war. Verdientes Nachsitzen hatte seine Pläne für morgen zunichtegemacht. Im Volleyball war er schlecht gewesen und in Mathe auch nicht besser. Was noch schlimmer war: Er hasste seine Frisur. Aber Mojo machte das nichts. Sie nahm ihn gleich an der Tür mit der Zunge in Empfang. Sie drehte sich im Kreis, sprang an ihm hoch und leckte sein Gesicht, als sei es Räucherspeck. Mojo interessierte es nicht, wo er gewesen war oder was er getan hatte. Seine Frisur störte sie nicht. Sie kümmerte sich nicht darum, was irgendjemand dachte oder gesagt hatte. Sie liebte ihn einfach nur.

Solche Liebe braucht jeder von uns. Wenn wir nicht gut genug sind, wenn das Leben sinnlos scheint, dann brauchen wir eine deutliche Erinnerung daran, dass jemand uns bedingungslos liebt und uns bis ans Ende treu sein wird.

Als Stephen sich mit ein wenig Geschlabber, aber einem breiten Grinsen im Gesicht wieder aufrichtete, musste ich unwillkürlich daran denken, dass auch so ein Fellknäuel mit seiner treuen Liebe und Hingabe, die uns die Hoffnung gibt, durchzuhalten, seinen Schöpfer widerspiegeln kann.

Ich brauche gerade jetzt etwas von dieser Liebe.

Sie müssen wissen, dass meine Frau mich ruft. Anscheinend hat Mojo II soeben meine Sonntagsschuhe entdeckt.

Mein letztes Hemd

Ich kann mich noch gut an den Tag erinnern, an dem meine Frau und ich zum ersten Mal das Verwandtschaftsproblem besprachen. Als überaus weiser 19-Jähriger gab ich meiner potenziellen Ehefrau klar zu verstehen, dass die angeheiratete Familie immer Probleme macht. »Wenn wir das hier festmachen«, sagte ich, »dann muss klar sein, dass wir nur einander heiraten und nicht die ganze Familie.«

»Wir werden in einer anderen Stadt oder sogar in einem anderen Land leben«, fuhr ich taktvoll fort. »Und sollte es jemandem aus dieser Verwandtschaft einfallen, in die Nähe unserer Stadt oder unseres Landes zu ziehen, dann werden wir uns mit einem Möbelwagen distanzieren, sonst« – und das betonte ich ganz entschieden – »fresse ich mein blaues Nadelstreifenhemd oder sogar meinen Dreiteiler.«

Sie lächelte nur und boxte mich ziemlich hart in den Oberarm.

Ein Jahr später geschah etwas ganz Außergewöhnliches: Sie wollte mich heiraten. Und nach einer traumhaften Hochzeitsreise lebten wir in einem kleinen Ort, der sehr friedlich und auch weitgehend verwandtschaftsfrei war.

Aber wie so oft, wenn man schwört, bestimmte Dinge, wie zum Beispiel Hemden, nicht zu essen, endet es damit, dass man doch darauf herumkaut und manchmal sogar Geschmack daran findet. Bei mir geschah das ungefähr so ...

Unsere Freunde hatten welche. Wir hatten sie in Fotoalben gesehen, an roten Ampeln, in Kinderwagen. Außerdem schien es damals eine recht gute Idee zu sein. Also beschlossen wir, Kinder zu kriegen.

Vier Jahre später waren wir stolze Eltern eines kleinen Jungen. Man sagte uns, wir könnten ihm einen Namen geben. Also taten wir es. Die Leute brachten uns Geschenke, und die meisten redeten dummes Zeug, wenn sie ihn sahen. »Ist der süß!«, sagten sie mit honigsüßer Stimme. Dann sahen sie mich an und verglichen uns. »Donnerwetter, das ist aber wirklich ein hübsches Kind. Wie kam denn das?« Abgesehen davon war es eigentlich ganz lustig. Zugegeben, vielleicht am Anfang nicht so sehr für Ramona, aber dafür für mich.

Als Folge der Geburt gab es jedoch einige Komplikationen. Zum einen wurde deutlich, dass meine Frau einige Wochen lang nicht mehr Beachvolleyball spielen konnte, und sie konnte vorerst auch nicht kochen oder das Haus putzen, was bisher ihre Gewohnheit gewesen war.

»Was gibt es denn zum Abendessen?«, fragte sie vom Wasserbett aus, wo sie unser jüngstes Familienmitglied stillte und sich selbst nach etwas Nahrhaftem sehnte.

»Na ja ...« antwortete ich und schlug ein paar Schranktüren zu. »Wir könnten … mal schauen … uns etwas beim Chinesen bestellen.«

»Phil«, kam eine Stimme aus dem Schlafzimmer, »wir haben kein Geld mehr, schon vergessen? Wir haben unser letztes Geld für Windeln ausgegeben.«

»Kein Problem«, sagte ich und schlug immer noch Schranktüren zu. »Ich mache etwas Wasser heiß, und dann machen wir … äh … was passt gut zu Wasser?«

»Suppe«, kam die Antwort.

»Meine Mutter hat mir 20 Jahre lang nur Suppenreste zu essen gegeben«, sagte ich. »Die eigentliche Suppenschüssel haben wir nie gefunden.«

Vom Wasserbett kam Gelächter. »Mach dir keine Sorgen«, sagte sie. »Morgen kommt jemand und hilft dir.«

»Und wer soll das sein?«, fragte ich zweifelnd.

»Meine Mutter«, sagte sie.

Ich hatte einige Hundert Schwiegermutter-Witze gehört und selbst erzählt, wie zum Beispiel, dass manche Schwiegermütter wie Tageszeitungen sind – sie erscheinen täglich. Ich wusste auch, dass es einen Kaktus gibt, der Schwiegermuttersitz heißt. Aber ich war absolut nicht darauf vorbereitet, was in der nächsten Woche mit meinen Vorurteilen geschehen würde.

In den nächsten paar Tagen lernte ich eine Frau schätzen, die sieben Kinder ganz alleine großgezogen hatte – nachdem ihr Mann ertrunken war, als er eines davon retten wollte. Eine Frau, deren Glaube durch Prüfungen gewachsen war, von denen ich nicht die geringste Ahnung hatte. »Ich liebe dieses Gefühl, ganz oben zu sein«, sagte sie eines Tages. »Aber ganz oben auf dem Berg wächst nichts mehr. Man muss schon hinabsteigen ins Tal, wo der gute Boden ist.«

Ob Sie es glauben oder nicht, aber nach einer Woche rief

ich sie »Mutti«. Vielleicht hing es mit ihrer Gabe zusammen, einem ahnungslosen Jungvater ein schreiendes Bündel aus den Armen zu nehmen und Ruhe und Frieden ins Haus zu bringen. Und wahrscheinlich hat es auch nichts geschadet, dass sie mich in dieser Woche zweimal mit dem besten Schinken und Rinderbraten der Welt konfrontierte.

Es gibt niemanden auf der Welt, der so gut ist wie Oma.

Es ist jetzt einige Jahre her, seit ich meine Meinung geändert habe. Und inzwischen ist »Mutti« auch so nahe zu uns gezogen, dass wir Ortsgespräche führen können. Sie schneidet mir sogar einmal im Monat die Haare. Ja, ich weiß, das klingt alles wie bei Alfred Hitchcock, aber es stimmt. Einmal im Monat überkommt mich dieses seltsame Gefühl, wenn die scharfe Schere nur Millimeter an meinem Ohr vorbeigleitet. Was ist, wenn sie weiß, was ich früher über sie gedacht habe? Und so ist das Haareschneiden jeden Monat eine Vertrauensübung für mich. Und für sie eine Übung in Selbstbeherrschung.

In diesen sechs Jahren habe ich anderen zugehört, die beschlossen haben, ihr Leben ohne bestimmte Familienmitglieder zu leben. Aber ich glaube, das ist so ähnlich, als würde man beschließen, dass man sein rechtes Bein nicht mag und ab jetzt ohne es lebt. Natürlich kann man auch mit einem Bein wieder laufen lernen, aber es wird einem immer etwas fehlen.

In meinem Fall wäre ich nicht der Einzige, dem etwas fehlen würde. Wenn die Großeltern zu uns kommen, sind die Kinder außer sich vor Freude. Sie klettern mit Freudenschreien vom Dach, um sich in den Arm nehmen, vorlesen und verwöhnen zu lassen.

Es hat mich zwar mein blaues Nadelstreifenhemd gekostet, aber es ist das Beste, was mir passieren konnte.

Bärenstarker Auftritt

Als ich anfing, Bücher zu schreiben, hätte ich niemals gedacht, dass irgendjemand sie lesen würde. Ich dachte, meine Mutter hätte aus Freundlichkeit und Mitleid vier Exemplare gekauft und sie dann an irgendwelche Tanten verschickt, die ich nicht kannte. Ich hätte auch niemals gedacht, dass das Fernsehen anrufen und mich einladen würde, meine Geschichten vor echtem Publikum zu erzählen. Die Schule hatte mich nicht auf den Umgang mit dem Fernsehen vorbereitet – außer vielleicht jenes eine Mal, als ich zu spät in den Englischunterricht kam und einen Riss in meiner Cordhose hatte, der so lang war wie der Mississippi. Ich war beinahe bis zu meinem Tisch gekommen, ohne dass jemand etwas bemerkt hatte, als ein gemeiner kleiner Junge, der ganz vorne saß, auf meine Hose zeigte, laut schnaubte und anfing zu lachen. Das Kichern ging wie eine Welle durch die ganze Klasse und wurde immer lauter, wie ein Zug, der näher kam – und ich lag gefesselt auf den Gleisen.

Als ich in einer landesweiten Morgensendung auftreten soll, bin ich, vorsichtig ausgedrückt, ein wenig nervös. Ich kann kaum noch schlafen, weil ich die ganze Zeit über die Fragen nachdenken muss. Was ist, wenn sie mich fragen: »Phil, wie kann ich meine Kinder erziehen, ohne Bluthochdruck zu bekommen?«, und mir dann nur einfällt: »Müde bin ich, geh zur Ruh, schließe meine Augen zu. Vater lass die Augen dein über meinem Bette sein«? Dann schlafe ich ein und träume von Gleisen.

Als ich Freunden von meinem Fernsehauftritt erzähle (damit sie für mich beten), stelle ich fest, dass ich eigentlich weniger nervös als vielmehr stolz bin. Schließlich war keiner von ihnen schon einmal im Fernsehen, außer Harold Leo, der sich einmal im Fernsehen gesehen hat, als er an einem Fernsehgeschäft vorbeiging. *Phil, du hast es echt drauf,* scheint eine Stimme in mir zu flüstern. *Du wirst im Fernsehen sein.* Und diese Stimme gefällt mir.

»Papa?« Rachael kommt in mein Arbeitszimmer geschlichen, um mir – noch einmal – gute Nacht zu sagen, obwohl sie eigentlich schon längst schlafen sollte.

»Was machst du?«, fragt sie und drückt dabei auf das Y meiner Tastatur. Mir geht gerade ein wichtiger Absatz durch den Kopf, und ich habe keine Zeit für Fragen.

»Ich schreibe, Rachael. Du solltest eigentlich im Bett sein.«

»Spielst du morgen mit uns?«

»Nein, ich muss für ein paar Tage weg.«

»Wie lange bist du weg?«

»Dreimal schlafen.«

»Bist du dann einsam?«

»Ich werde dich vermissen, Rachael. Gute Nacht.«

Als ich am nächsten Tag meinen Koffer packe, bringt Jeffrey mir seinen Teddybär. Er ist schon etwas kahl geliebt. Die Augen schauen nicht mehr in die richtige Richtung, aber er ist Jeffreys Lieblingstier. »Du wirst bestimmt einsam sein«, meint er und gibt mir den Bär. »Du darfst Heidi Bär mitnehmen.«

Die anderen Flugpassagiere beobachten mich aus den Augenwinkeln, als ich mich auf meinen Platz setze. Ein Erwachsener mit einem Aktenkoffer und einem Teddybär. Pass auf die Kinder auf, Martha. Er sieht ziemlich labil aus und unsicher. Braucht wahrscheinlich Therapie. Und sie haben recht. Das Einzige, woran ich denken kann, ist: »Müde bin ich, geh zur Ruh, schließe meine Augen zu.« Ich weiß nicht einmal mehr, wie die zweite Zeile geht.

Am Tag der Sendung sitzt Ramona mit den Kindern vor dem Fernseher. Jeffrey ist ganz besonders interessiert: »Das ist mein Bär«, sagt er stolz. Und tatsächlich, da sitzt er, im Fernsehen. Die Moderatoren versuchen scherzhaft, ihn mir wegzunehmen, aber ich klammere mich daran. »Mein 4-jähriger Sohn befürchtete, dass ich mich einsam fühlen könnte«, erzähle ich vor laufender Kamera, »deshalb hat er mir seinen Bär gegeben.«

Jeffrey ist ganz aufgeregt, dass sein Papa im Fernsehen ist. Er ist so aufgeregt, dass er sogar fast 20 Sekunden lang still sitzt – und dem Bär zuschaut. Dann schlendert er davon, um wieder Schwerter zu basteln, mit denen er seinen großen Bruder ärgern kann.

Am zweiten Tag stellt mir die Moderatorin eine schwierige Frage: »Phil, haben Sie ein paar praktische Tipps, wie man ein guter Vater sein kann?« Irgendwo im Hinterkopf habe ich eine sehr gute Antwort, aber genau da bleibt sie auch stecken. »Nun«, antworte ich, »Martin Luther hat einmal gesagt …« Aber der Gedanke verklemmt sich irgendwo in meinen Gehirnwindungen und kommt nicht weiter. Ich versuche es noch einmal. »Martin Luther hat einmal gesagt, dass wir … äh … dass wir nie vergessen sollten, was er einmal gesagt hat, nämlich … ich weiß es nicht mehr.« Natürlich fällt mir das Zitat wieder ein, sobald die Sendung zu Ende ist. Es ist eine erstaunliche Aussage: »Mein eigener Vater war hart, unnachgiebig und unbarmherzig. Ich stelle mir Gott automatisch genauso vor.« Ich wollte den Zuschauern eigentlich erzählen, wie wichtig es ist, gnädig zu sein und daran zu denken, dass die Kleinen uns beobachten. In 100 Jahren wird sich niemand mehr daran erinnern, wie viel Geld wir hatten oder was für ein Auto wir gefahren haben. Aber die Welt könnte dann ein besserer Ort sein, weil wir in unsere Kinder investiert haben.

An diesem Abend schlafe ich mit einem Teddy neben mir ein.

Früh am Sonntagmorgen, als es noch dunkel ist, verlasse ich das Hotel und fahre zum Flughafen. Ich lächle, obwohl es noch sehr früh ist. Wer würde da nicht lächeln? Diese Woche war äußerst erfolgreich. Ich war in einer der Vormittagssendungen mit den höchsten Einschaltquoten. Ich habe mehrmals dort gesprochen, viele Kontakte geknüpft und viele Bücher verkauft. Sie haben mich sogar eingeladen, wiederzukommen. Als das Flugzeug abhebt, flüstert die Stimme in mir nicht mehr. Sie brüllt mir ins Ohr: *Du hast es wirklich drauf, Callaway.* Und ich mag diese Stimme.

Aber dann dämmert mir plötzlich die grausame Wahrheit: Meine Mitreisenden beobachten mich gar nicht aus den Augenwinkeln. Sie fragen sich nicht, ob ich bei Verstand bin. Ich habe zwar meine Aktentasche, aber keinen Bär. Der liegt im Hotelzimmer auf dem Boden.

Mir gehen alle möglichen Bilder durch den Kopf, während wir abheben. Bilder von dem Tag, an dem mein erstes Buch veröffentlicht wurde. Als die Belegexemplare kamen, trug ich sie ganz stolz nach Hause, um sie den Kindern zu zeigen. Rachael hielt mein Lebenswerk in ihren Händen und lächelte den Einband an. Dann legte sie das Buch hin und fragte: »Papa, was ist das für ein Vogel da draußen?« Sie schaute zum Fenster hinaus auf das Vogelhäuschen. Jeffrey zeigte mehr Interesse. Er nahm das Buch und kaute auf der Ecke herum. Jetzt war es nur noch die Hälfte wert.

Ein paar Monate später ging ich bei einer großen Veranstaltung auf die Bühne vor, um einige Auszeichnungen entgegenzunehmen. Stephen war auch da. Er saß ziemlich weit hinten, und ich hoffte, dass er mich sehen konnte. Aber später erfuhr ich, dass er viel zu sehr damit beschäftigt war, sich mit einem Freund die Nasen platt zu drücken. Sie pressten ihre Gesichter aneinander und bekamen meinen großen Augenblick im Rampenlicht gar nicht mit.

Auf der großen Leinwand vorne läuft ein Film. Ich versuche, etwas zu sehen, aber durch die Tränen hindurch sehe ich nur verschwommen. »Herr«, bete ich, »ich war in letzter Zeit so sehr mit mir selbst beschäftigt, dass einiges am Boden liegen geblieben ist. Ich war so sehr mit meiner Arbeit beschäftigt, dass ich keine Zeit hatte, mit den Kindern zu spielen. Ich war so sehr mit Schreiben beschäftigt, dass ich keine Zeit hatte, dein Wort zu lesen. Ich war so sehr damit beschäftigt, von mir selbst zu reden, dass ich deine Stimme nicht mehr gehört habe. Bitte vergib mir.«

Zu Hause warten die Kinder auf mich. Als ich zur Tür hereinkomme, nimmt mich Rachael mit der Ration Umarmungen der letzten drei Tage in Empfang. Stephen will mir die Burg zeigen, an der er gearbeitet hat.

Jeffrey will nur seinen Bär.

Ich setze ihn vor mich hin und gestehe ihm, was ich getan habe. Als ich fertig bin, fängt er an zu weinen. »Ist er weg?«, fragt er. »Du hast ihn vergessen?«

Ich nehme das Telefon und sage: »Komm, hilf mir wählen. 1 … 9 …« Er wischt sich die Tränen ab und drückt auf die Tasten … 6 … 4. »Hallo? … Ja … Könnte ich bitte mit dem Manager sprechen? … Hallo … Ich habe dieses Wochenende bei Ihnen übernachtet und habe einen kleinen braunen Teddybär in meinem Zimmer vergessen … Was? … Ist das Ihr Ernst? … Wunderbar … Meine Adresse lautet …«

Als ich auflege, grinse ich Jeffrey an. »Weißt du was? Dein Bär sitzt bei der Dame am Telefon auf dem Schreibtisch. Sie hat ihn angeschaut, während wir telefoniert haben. Heidi Bär geht es gut. Sie wird ihn in einen schönen, bequemen Karton legen und ihn uns gleich morgen schicken.«

Eine Woche später glaubt Jeffrey, es sei Weihnachten.

Und jetzt ist Heidi Bär immer dabei, wenn ich unterwegs bin, weil es ein 4-Jähriger so will. Genauer gesagt schreibe ich dieses Kapitel in einem seltsamen Hotelzimmer. Aber ein freundlich dreinschauendes Tier sitzt auf meinem Aktenkoffer. Seine Augen sind noch schlechter geworden. Sein Fell ist noch dünner geliebt. Aber ich würde diesen Bär gegen nichts in der Welt eintauschen. Natürlich ernte ich ein paar schiefe Blicke, wenn ich damit ins Flugzeug steige. Und Martha zieht immer noch ihre Kinder zu sich. Aber ich trage etwas bei mir, das mich immer daran erinnert, dass aller Erfolg der Welt nichts ist im Vergleich zum Vertrauen eines Kindes.

Haarkrise

Normalerweise kaufe ich an der Kasse keine Zeitschriften. Aber umgeben von fieberhaften Einkäufern, fielen mir diesmal die lächelnden Gesichter einiger der erfolgreichsten Stars der Kinogeschichte auf (gleich neben Harrison Ford). Aber mich interessierten nicht so sehr ihre Gesichter als vielmehr die Tatsache, dass sie das gleiche Problem hatten wie ich. Wenn ich den Preis für die Zeitschrift zahlte (nur 2,95 Dollar), dann würden sie mir verraten, was man dagegen tun konnte.

Das Problem wurde mir zum ersten Mal bewusst, als ich mir eines Abends die Zähne putzte. Meine Frau, die niemals absichtlich eine verletzende Bemerkung machen würde (auch mir gegenüber nicht), putzte ebenfalls ihre Zähne und stand über mich gebeugt, während ich mir den Mund ausspülte. Als ich mich wieder aufrichtete, erkannte ich an ihrem Gesichtsausdruck, dass sie eine wichtige Entdeckung gemacht hatte. »UKRIECHEINGEGLASCHE!«, sagte sie mit dem Mund voller Zahnpasta. Nachdem sie sich den Mund ausgespült hatte, wiederholte sie die fünf Worte, die mich seither ständig verfolgen:

»Phil, du kriegst eine Glatze!«

Das war nichts Neues. Man muss nicht den IQ eines Nuklearwissenschaftlers haben, um zu erkennen, dass mein Kopf in letzter Zeit eher wie ein Mückenlandeplatz aussieht als wie die letzten zehn Sekunden eines Haarwasser-Werbespots. Das weiß ich auch. Schließlich gibt es in diesem Haus Spiegel. Außerdem werde ich immer an meine Haarkrise erinnert, wenn ich mit meiner Frau irgendwo hingehe. »Schön, Sie zu sehen, Phil. Wie war doch gleich der Name Ihrer Tochter?« Aber bisher hatte meine »Tochter« diese verblüffende Wahrheit noch nie ausgesprochen: »Du kriegst eine Glatze, Phil.«

»Ich weiß«, sage ich. Dann spritze ich sie mit meiner Zahnbürste an.

Wenn es so klingt, als sei ich bei diesem Thema ein wenig empfindlich, dann liegt das daran, dass ich es bin. Ich kenne die Radiowerbung spätabends. Ich habe die Werbeinfos gesehen. Sie versuchen einem einzureden, dass eine Glatze ungefähr so modisch ist wie Gummistiefel in der Oper. Aber ich habe auch gelernt, dass wir Ehemänner ein paar Möglichkeiten haben, der Glatze entgegenzuwirken.

1. Die Haare anders kämmen. Wenn man jung ist, richtet man sich mit der Frisur nach der Mode. Wenn man älter wird, richtet man sich mit der Frisur nach den natürlichen Gegebenheiten. Mein Vater – der schon eine Glatze bekam, als die Erde noch eine Scheibe war – hat das auch gemacht. Man muss die Haare nur auf einer Seite ganz lang wachsen lassen und sie dann über die Freifläche kämmen. Aber das funktioniert nicht. Damit kann man nicht einmal kleinen Kindern etwas vormachen. Die weisen einen dann womöglich noch während des Gottesdienstes darauf hin. »GUCK MAL, MAMA! MR. WILSON HAT EINE RATTE AUF DEM KOPF!« Ich habe auch schon einmal gehört, man solle seine Augenbrauen lang wachsen lassen und dann nach hinten kämmen. Aber ich habe noch niemanden gesehen, bei dem das funktioniert hat.

2. Minoxidil. Forscher behaupten, Minoxidil sei das einzige Medikament, das nachweislich Haarausfall stoppt. »Hier, Mr. Callaway. Das wirkt bei einer Billardkugel, dann sollte es auch bei Ihnen wirken«, sagen sie und öffnen die Ladenkasse. Leider hat Minoxidil auch Nebenwirkungen. Ich habe es selbst genommen, aber ich habe vergessen, was für Nebenwirkungen es hat.

3. Haarverpflanzung. Hier wird einfach umgepflanzt. Man nimmt das Haar von Stellen, an denen noch welches wächst, und setzt es in die Todeszone. Das sollte man nicht zu Hause versuchen. Aber es gibt geschickte Chirurgen, die das gegen eine kleine Gebühr von 15 000 Dollar (wirklich!) gerne für Sie machen. Nachdem sie Ihre Kreditkarte geprüft haben, setzen sie einzelne Haare in feine Löcher, die sie mit Nadeln in Ihre Kopfhaut gestochen haben. Leider braucht so eine Behandlung manchmal Jahre, und es besteht die Gefahr, dass die Haare um die transplantierten Stellen herum ausfallen.

4. Klassische Musik. Nach umfangreichen Forschungsarbeiten vertreibt ein japanischer Pharmakonzern jetzt eine

CD mit Musik von Mozart (ausschließlich erhältlich in Apotheken). Der Pharmakonzern behauptet, die Musik beruhige den Hörer, baue Stress ab und wirke so dem Haarausfall entgegen. Ich hoffe, sie haben recht, aber ich bin skeptisch. Ich habe ähnliche Studien an meinem Vater durchgeführt und ihm CDs von den Eagles vorgespielt. Dadurch *scheint* es, als hätte er mehr Haare auf dem Kopf.

Als ich an jenem Tag neben Harrison Ford in der Warteschlange stand und über diese vier Punkte nachdachte, tat ich, was die meisten Männer tun würden, die in der Haarkrise stecken – ich zückte den Geldbeutel und holte 2,95 Dollar heraus.

Zu Hause schlug ich erwartungsvoll Seite 98 auf und hoffte auf einen guten Rat. Und da waren sie: Bill Murray, Jack Nicholson, Bruce Willis, Ted Danson, Ron Howard und noch einige andere, die alle ihre beginnende Glatze versteckten. Und raten Sie mal, wie: unter einer Baseball-Kappe! *Ach*, dachte ich, *das ist also das große Geheimnis?* Ich war so enttäuscht, dass ich auf der Stelle beschloss, eine eigene Liste mit Ratschlägen zu erstellen.

Hier sind meine Tipps:

1. Benutze deinen Kopf für etwas anderes. Wenn mich andere daran erinnern, dass ich eine Glatze bekomme, dann weise ich sie darauf hin, dass manche Menschen ihre Hormone dazu benutzen, sich Haare wachsen zu lassen. Ich bemühe mich, das so höflich wie möglich zu tun. Aber wir sollten uns mehr Gedanken darum machen, was in unseren Köpfen ist, als darüber, was darauf ist.

2. Sei mit dem Haar zufrieden, das du hast. Im vergangenen Jahr haben die Amerikaner fast zehn Milliarden

Dollar ausgegeben, um das Unvermeidliche hinauszuzögern. Und dabei haben sie das wirklich Wichtige ganz verpasst. In 2. Korinther 4,16 heißt es: »Wenn auch unser äußerer Mensch verfällt, so wird doch der innere von Tag zu Tag erneuert.« Ich vertraue darauf, dass meine Frau meine Gesellschaft immer mehr genießt, je älter ich werde, weil ich damit zufrieden bin, wie Gott mich gemacht hat. Ich bin mit dem zufrieden, was er mir gegeben hat. Und ich bin mit dem zufrieden, was er in meinem Kopf tut.

Ich hoffe, die Männer haben von meinem Rat profitiert. Wenn er nicht hilft, dann setzen Sie einfach einen Hut auf. Wenn das auch nicht hilft, dann habe ich noch einen letzten Vorschlag: Putzen Sie immer alleine Zähne.

Drum prüfe, wer sich ewig bindet ...

Als Ramona und ich frischverheiratet waren, arbeitete sie für fünf Dollar pro Stunde in einer Drogerie, und ich lungerte daheim herum. Nachdem ich fast einen Monat arbeitslos war, lernte ich Schlagzeug und fand meine Berufung. Ich beschloss, in die Musikbranche zu gehen, damit auch andere von dieser Gabe, die für mich vollkommen überraschend gekommen war, angesprochen würden. Eines Abends kam Ramona vollkommen erschöpft von der Arbeit und brüllte: »WAS SOLL DER LÄRM? SCHLACHTEST DU HÜHNER?« Damit zerstörte sie all meine Träume vom großen Ruhm. An jenem Abend beschloss ich, mich nach anderen Hobbys umzuschauen, und fand schon bald eines.

Ich fing an, an den Wochenenden Hochzeiten zu filmen.

Das war ein Hobby, das finanziell lohnend war. Meistens überreichte der Brautvater mir vollkommen erschöpft einen Scheck und sagte: »Hier, tragen Sie einfach eine Zahl ein … jetzt ist es auch egal.« Nur einmal hatte ich ein schlechtes Gewissen, weil ich das Geld genommen hatte. Der Bräutigam war ohnmächtig geworden und auf eine brennende Kerze gefallen. Seine Haare hatten Feuer gefangen, und als er wieder zu sich kam, fragte er sich, ob er tatsächlich mit der Braut, die ihm mit den Predigtnotizen des Pastors Luft zufächelte, den Rest seines Lebens verbringen wollte. Insgesamt habe ich in zehn Jahren über 100 Hochzeiten gesehen, und selbst für drei Millionen Dollar würde ich keine einzige mehr filmen. Gott sei Dank sind die meisten dieser Ehen noch intakt. Aber hin und wieder höre ich, dass es wieder in einer brennt, und dann werde ich ganz traurig und frage mich, was sie wohl mit meinem Hochzeitsvideo machen werden. Es tut weh, zu sehen, dass Eheschließungen in Hi-Fi-Qualität auch nicht länger halten als herkömmliche Schmalspur-Gelöbnisse – vor allem, wenn es christliche Familien sind, die eigentlich noch einen Dritten um Rat fragen könnten.

Ich selbst stamme aus einer Familie langer Ehen, in der die Partner irgendwann einmal beschlossen haben müssen, einfach zusammenzubleiben, auch wenn das Feuer erloschen ist. Meine Eltern sind zum Beispiel seit 57 Jahren verheiratet, obwohl mein Vater sich seine Zehennägel immer noch im Wohnzimmer schneidet.

Vor Kurzem habe ich meine Eltern einmal gefragt, was ihre Ehe so beständig macht, und mein Vater antwortete, ohne zu zögern: »Die Senilität. Ich wache jeden Morgen auf und kann mich nicht mehr daran erinnern, wer diese alte Dame neben mir ist. Also ist jeder Tag ein neues Abenteuer.«

»Ich meine es ernst«, sagte ich. »Nennt mir fünf Gründe, warum ihr immer noch zusammen seid.« Das war ein ungewöhnlicher Test, der noch dadurch erschwert wurde, dass drei Enkel um sie herumtobten und ihre Aufmerksamkeit wollten.

»Weißt du was«, sagte meine Mutter und zog dabei den Zeigefinger unseres Jüngsten aus ihrem Ohr, »lass uns ein wenig Zeit, dann schreibe ich sie dir auf.«

Am nächsten Morgen brachte sie mir einen Zettel vorbei. »Du wirst das doch nicht irgendjemandem zeigen, oder?«, meinte sie. »Ich will nicht, dass jemand meint, das seien die neuesten Erkenntnisse zur Ehe.«

Ich lächelte. »Du kennst mich doch, Mama. Ich denke nicht im Traum daran.«

Fünf Gründe, weshalb wir noch zusammen sind
von Victor und Bernice Callaway

1. Vorbilder. Als wir geheiratet haben, wussten wir nichts von Scheidung. Wir kannten kein geschiedenes Paar. Ich glaube, bei unserer Hochzeit hat jeder, einschließlich uns selbst, einfach erwartet, dass dieser Bund für immer hält. Wir hatten andere Ehen gesehen. Wir hatten ihre Treue gesehen. Und wir wollten einander auch treu bleiben. Uns ist bewusst, dass du diesen Vorteil nicht hast, mein Sohn. Einige deiner besten Freunde werfen vielleicht alles hin. Aber ganz gleich, wie finster das Tal auch ist, durch das du gehst, du wirst leuchtende Vorbilder an Treue finden. Und wenn du keine Vorbilder mehr findest, dann kannst du immer noch selbst eines sein.

2. Hingabe. Manchmal wäre ich am liebsten davongelaufen. Und ein paar Mal habe ich das auch getan. Am An-

fang unserer Ehe habe ich manchmal sehr lange Spazier-
gänge gemacht, um von deinem Vater weg zu sein. Aber ich
bin immer in seine liebenden Arme zurückgekommen. Wir
haben uns vor Gott geschworen, dass wir unser ganzes Leben lang zusammenbleiben würden.

3. Gemeinsame Andachten. Weil wir fast jeden Abend
zusammen in der Bibel gelesen und gebetet haben, haben
wir erkannt, was Gottes Plan für unsere Ehe war und was er
von uns erwartete. Wir haben Bibelverse auswendig gelernt,
die uns dazu angehalten haben, liebevoll, gütig und ehrlich
zueinander zu sein und uns immer wieder zu vergeben. Wir
haben Gott um seine Führung gebeten, und er hat uns ge-
führt. Wir haben ihn um Kinder gebeten und haben jedes
einzelne als ein Geschenk von ihm angenommen.

4. Zusammengehörigkeit. Wir haben als christliche Familie zusammengehalten, trotz aller Macken. Wir haben
zwar oft versagt, aber wir lernen, unsere Fehler zuzugeben
und um Vergebung zu bitten. Wir lachen viel zusammen.
Wir weinen viel zusammen. Wir reden viel miteinander. Wir
haben zusammen gearbeitet und zusammen gespielt.

5. Gemeinsame Ziele. Von dem Tag, an dem wir uns das
Ja-Wort gegeben haben, war es unser Ziel gewesen, ein Leben
zu leben, das Gott würdig ist, und zwar so lange, bis wir eines
Tages vor ihm stehen. Manchmal sind wir dabei auf die Nase
gefallen. Aber durch Gottes Gnade konnten wir wieder aufstehen und uns an seine Verheißung halten: »Ich werde mitge-
hen, du kannst ruhig sein« (2. Mose 33,14). Das Alter ist eine
ganz neue Herausforderung. Man geht nicht wie auf einer
Ebene. Manchmal erscheinen einem die Hügel steiler und die
Hänge gefährlicher. Aber wir lernen, Gott zu vertrauen bei
dem, was vor uns liegt, und ihm für das zu danken, was er uns
bisher in seiner unverdienten Gnade geschenkt hat.

Neulich hat mir jemand erzählt, dass wieder eines meiner Hochzeitsvideos hinfällig geworden ist, und ich musste an meine Eltern denken. Als sie vor dem Traualtar standen, war die Temperatur in Toronto auf minus 42 Grad gesunken. Es lief keine Videokamera, es gab keinen Fotografen, und es gab keine Sicherheiten. Sie wussten, dass mein Vater zehn Tage nach der Hochzeit wieder in den Krieg ziehen und seine Braut in Tränen aufgelöst auf dem Bahnsteig zurücklassen musste. Und so hielten sie sich an den Händen und schworen sich Treue. Sie wussten nicht, dass ihr erstes Kind in ihren Armen sterben würde und dass sie ihr Leben lang unter der Armutsgrenze leben würden. Aber sie versprachen sich, sich gegenseitig zu trösten, ganz gleich, was auf sie zukam.

Nach heutigen Maßstäben hatten meine Eltern nicht viel. Sie hatten 75 Dollar, einen Hochzeitsring mit einem Diamanten und einen Koffer voller Träume. Ein halbes Jahrhundert später haben sie immer noch nicht viel. Nur eine antike Uhr und einen Ford Tempo, der manchmal anspringt. Aber sie haben nie vom großen Glück geträumt. Sie träumten von Kindern, die ihr Leben mit Gott leben – und davon haben sie fünf. Sie träumten von Jahren der Treue – und davon haben sie 57. Sie können um die ganze Welt reisen, aber das eine verspreche ich Ihnen: Sie werden nirgends zwei wohlhabendere Menschen finden.

Übrigens hat meine Mutter mir erlaubt, ihre Liste zu veröffentlichen. Als sie es mir erlaubte, erinnerte sie mich an ein paar weitverbreitete gute Ratschläge: »Auch mit 70 muss man noch an seiner Ehe arbeiten« und »Es ist so lange nicht vorbei, bis es vorbei ist«. Und dann fügte sie mit einem Zwinkern hinzu: »Aber ich glaube, wir können jetzt ziemlich sicher sein. Dein Vater mag zwar senil sein, aber ich bin inzwischen zu alt, um noch davonzulaufen.«

Friede, Freude, Eierkuchen?

»Meine größte Errungenschaft«, schrieb Winston Churchill einmal, »ist, dass ich meine Frau überzeugen konnte, mich zu heiraten.« Dem kann ich nur zustimmen. Obwohl ich manchmal denke, dass meine größte Errungenschaft ist, dass sie immer noch bei mir ist.

Es ist jetzt 17 Jahre her, dass wir uns das Ja-Wort gegeben und vor Gott und ein paar Hundert Zeugen versprochen haben, dass nur der Tod uns trennen wird. Seither hat Ramona bestimmt ein paar Mal daran gedacht, mich umzubringen, aber sie behauptet immer wieder, ich habe nichts zu befürchten. »Außerdem«, meint sie lächelnd, »haben wir gar kein Arsen im Haus.« Aber an unserem 17. Hochzeitstag hätte sie beinahe welches besorgt.

Wir verbrachten einen wunderbaren Morgen zusammen und schauten uns bei einem ausführlichen Frühstück verliebt in die Augen. Im Eifer des Gefechts machte ich dann einen fatalen Fehler: Ich schlug vor, wir könnten ja zusammen einkaufen gehen. In 17 Jahren habe ich einiges gelernt. Zum einen sollte man nie im Dunkeln barfuß die Treppe herunterkommen, wenn die Kinder mit Spielzeugautos gespielt haben. Zum anderen sind die Einkaufsgewohnheiten von meiner Frau und mir absolut nicht kompatibel. Während ich gerne in die CD- und Hi-Fi-Abteilung gehe, steuert Ramona auf alles zu, wo steht: »Alle Kleidungsstücke stark reduziert« oder »jetzt kaufen, später zahlen«. Sie ahnen wahrscheinlich schon, dass sie meinen Vorschlag dankend annahm, und so standen wir um die Mittagszeit vor unendlichen Weiten voller Möbel und Haushaltsgeräte unter Neonlicht, die von Wissenschaftlern extra dazu erschaffen wurden, um Ehemänner ganz langsam an den Rand des

Abgrunds, in den Wahnsinn zu treiben und ihnen den Verstand zu rauben, bis sie schließlich bereitwillig nach dem Geldbeutel greifen und nur noch »Kein Problem« oder »Wie du möchtest, mein Schatz. Du hast die Wahl« sagen.

Wir hatten schon seit einiger Zeit überlegt, ein Bild für eine kahle Wand im Esszimmer zu kaufen. An diesem Tag, als wir unseren langen Marsch durch die Möbelabteilung machten, fand ich schließlich das perfekte Bild. Es hatte einen tannengrünen Rahmen und vereinte so verschiedene Stile wie Rembrandt und Thomas Kinkade in einer friedlichen Frühstücksszene. Das Bild lud den Betrachter förmlich ein, sich dazuzusetzen und mitzuessen. »Häng mich in dein Esszimmer«, schien das Bild zu mir zu sagen. Und so versprach ich es ihm.

Aber das Bild hatte nicht mit meiner Frau gesprochen. Sie fand es geschmacklos, zu groß für die Wand und ließ mich das auch sanft wissen. Sie hatte schon ein anderes Bild ausgesucht, das in jeder Hinsicht in unser Esszimmer passte. Es hieß »Fleurs de la terrace« und stellte eine bekannte französische Frühstücksszene dar. Als sie es mir zeigte, sagte ich etwas, das ich nicht hätte sagen sollen. Ich glaube, es ist unwichtig, hier den exakten Wortlaut wiederzugeben. Ich sagte so in etwa: »Egal. Du setzt ja sowieso immer deinen Kopf durch.« An diesem Tag ging Ramona sehr bald und schnell zur Kasse. Im Auto starrte sie nur geradeaus.

Diese Szene erinnerte mich an einen anderen Hochzeitstag, der sich auf den Tag genau neun Jahre vorher ereignete …

»Hollywoodstars und das Ende ihrer Liebe.«

Diese Überschrift springt mir von der Titelseite einer Zeitung ins Auge, die weltweit dafür bekannt ist, sich stets um Wahrheit, Genauigkeit, Aufrichtigkeit, aber vor allem um

Meinungsfreiheit in ihrer Berichterstattung zu bemühen. Darunter ist ein Bild von einem berühmten Paar in ihren glücklicheren Tagen. Unter dem Bild heißt es: »Wir lieben uns einfach nicht mehr.« Ganz oben auf der Seite steht wahrscheinlich die einzige Wahrheit dieses Klatschblattes: das Datum – der 28. August.

Ach ja, jetzt weiß ich wieder, warum ich hier Schlange stehe, umgeben von Großaufnahmen von Harrison Ford: Ich will eine Karte zum Hochzeitstag kaufen. Genau heute sind Ramona und ich auf den Tag 2922 Tage verheiratet. Heute Nachmittag werden wir das mit einer Runde Golf und anschließend mit einem Abendessen zu zweit feiern. Ich kann es kaum erwarten!

»*Wie viel* hast du *wofür* ausgegeben?«

Unser katastrophales Golfspiel und das romantische Abendessen im Kerzenschein sind noch nicht lange vorbei. Ich stehe im Wohnzimmer, die Hände in die Hüften gestemmt, und gebe mir alle Mühe, beeindruckend zu wirken.

»49 Dollar für Kleider.«

»49 DOLLAR! Warum hast du mir das nicht gesagt?« Ich klinge wütend. Wütender, als ich wirklich bin.

»Das habe ich, aber du warst zu beschäftigt mit Lesen.« Sie hat recht. Jetzt erinnere ich mich.

»Äh … nun ja …« Ich lasse die Arme wieder hängen und suche verzweifelt nach einer Antwort. »Ich meine ja nur, dass das im Moment ein bisschen viel ist für Kleider.«

»Wie bitte?« Ihre Stimme wird lauter. Bald werden die Nachbarn vor unserer Tür stehen. »Du kaufst eine Stereoanlage und ein Auto, und ich kann nicht mal ein paar Kleider kaufen? Die auch noch HERUNTERGESETZT waren?«, fügt sie hinzu.

»Das habe ich nicht gesagt. Ich meine ja nur, dass wir im Moment vielleicht ein wenig vorsichtig sein müssen. Wir waren gerade erst im Urlaub, und du weißt, dass wir das Auto gebraucht haben, und ...«

Als die Diskussion immer hitziger wird, wird mir klar, dass sie recht hat. Aber das werde ich heute unter keinen Umständen zugeben.

Es ist Zeit für einen Spaziergang. Ich gehe die Straße entlang und winke unserem Nachbarn lächelnd zu. Aber ich bin ziemlich sauer. »Sich mit seiner Frau zu streiten ist manchmal, als versuche man, eine Glühbirne auszublasen«, sinniere ich. »Ganz besonders, wenn sie recht hat.«

»Wie geht's, Phil?«

»Danke, gut.« Ich lächle meinen Nachbarn an – und lüge.

Eigentlich würde ich am liebsten sagen: »Es geht so. In letzter Zeit mache ich es anderen vielleicht nicht leicht. Aber ganz so schlimm bin ich auch wieder nicht. Immerhin vertrinke ich unser Geld nicht. Und ich schlage sie nicht. Vielleicht fühle ich mich so, weil ich sie nicht mehr liebe. Das ist wie bei diesen Hollywoodstars. Vielleicht hat unser Feuer auch einen Burnout. Natürlich bleibe ich bei ihr. Aber ich werde kein Wort mehr mit ihr wechseln. Wir werden zusammenleben. Schweigend. Ich liebe sie einfach nicht mehr, verstehen Sie?«

Und so lasse ich an diesem Abend zum ersten Mal in über acht Jahren Ehe die Sonne über meinem Zorn untergehen. Das fällt mir nicht leicht, aber wenn wir ehrlich sind, macht der Zorn doch von allen Sünden, die wir begehen, eindeutig am meisten Spaß.

Als ich früh am nächsten Morgen zur Arbeit gehe, schläft sie noch. Das läuft doch glatt. Ich habe mein Schweigegelübde nicht gebrochen.

Aber im Büro erwarten mich ganz andere Probleme. Ich soll einen Artikel für ein Ehemagazin schreiben. Einen Artikel über Versöhnung. Können Sie mir verraten, wie man offen und ehrlich einen Beitrag über Versöhnung schreiben kann, wenn man gerade sauer ist auf seine Frau?

Ich greife zu meiner Bibel und lese die angegebenen Verse. Der Text steht im Kolosserbrief und erscheint mir größer und deutlicher als jede Zeitungsschlagzeile: »Darum zieht nun wie eine neue Bekleidung alles an, was den neuen Menschen ausmacht: herzliches Erbarmen, Freundlichkeit, Bescheidenheit, Milde, Geduld. Ertragt einander! Seid nicht nachtragend, wenn euch jemand Unrecht getan hat, sondern vergebt einander, so wie der Herr euch vergeben hat. Und über das alles zieht die Liebe an, die alles andere in sich umfasst. Sie ist das Band, das euch zu vollkommener Einheit zusammenschließt« (Kolosser 3,12-14).

Autsch.

Zieht die Liebe an. Nicht: Fühlt die Liebe, sondern tut es einfach.

»Herr«, bete ich, »ich brauche deine Hilfe. Ich habe es satt, aus mir selbst heraus zu lieben.«

Ich lege die Bibel weg und greife zum Telefon. »Schatz? Ja, ich bin es … Ich … Es tut mir leid. *Ich war im Unrecht.*«

An diesem Abend ist alles anders. Wir machen einen langen Spaziergang und sprechen über Liebe. Nicht das Gefühl. Nicht etwas, das uns überkommt – oder wieder verlässt. Etwas, das wir beschließen zu tun, egal ob uns danach zumute ist oder nicht.

Am nächsten Morgen bin ich müde, aber ich trage ein Lächeln im Gesicht. Ein ehrliches Lächeln. Das ist ein guter Anfang für einen Ehemann, der noch so einen langen Weg vor sich hat.

Seither sind neun Jahre vergangen. Ich muss immer noch viel lernen. Ich muss viel über Selbstlosigkeit und Zärtlichkeit lernen und darüber, den Mund zu halten. Als wir neulich von einem Einkaufsbummel nach Hause kamen, bei dem wir ein Bild gesucht haben, musste ich mich wieder einmal entschuldigen. Und zum 489. Mal in 17 Jahren hat Ramona mir vergeben.

Als wir abends alle beim Abendessen sitzen, wird mir klar, dass ich mich glücklich schätzen kann. Ich habe eine liebevolle Familie und eine Frau, die mir vergibt. Auf dem Tisch ist reichlich zu essen, und in meinem Malzbier ist kein Arsen. Allmählich gefällt mir sogar das Bild, das jetzt in unserem Esszimmer hängt.

Hilfe! Die Verwandtschaft kommt!

Manchmal spricht Gott durch ganz unerwartete Ereignisse zu uns. Durch ein Erdbeben, ein Gewitter, einen Platten auf dem Weg ins Kasino. Und wenn wir genau hinhören, spricht er manchmal vielleicht sogar bei einer Familienfeier zu uns.

Ich wollte dieses Jahr gar nicht hingehen. Ich hatte etwas anderes vor. Ich wollte angeln gehen. Ich wollte Ruhe, Frieden und Barsche. Diese Tugenden sind nicht gerade typisch für die Familienfeiern in der Familie meiner Frau. Wenn diese Familie zusammenkommt, bedeutet das Ärger. 30 Menschen unter einem Dach, die sich gegenseitig von allem möglichen Unfug erzählen und so lange lachen, bis sie keine Luft mehr kriegen. Als ich Ramona erzählte, wie es mir damit ging, erzählte sie mir, wie es ihr ging. »Das sind die Menschen, mit denen ich aufgewachsen bin«, sagte sie. »Du kannst ja angeln gehen, aber dann nimm deinen dicken Anorak mit, damit du gleich draußen überwintern kannst.« Und so beschloss ich nach einem langen Spaziergang und viel Gebet, ihren Rat zu befolgen.

Am Donnerstagabend trudelten die Verwandten ein. Sie kamen in ganzen Busladungen und brachten dicke Fotoalben mit. Alle umarmten sich, lachten, machten Fotos und ... hatte ich umarmen schon? Wir Männer standen herum und redeten über Golf und das schlechte Wetter. Die Frauen machten noch mehr Fotos, planten den Freitag und umarmten sich dann immer wieder.

Spätabends, als es dunkel wurde, wurde der Regen stärker. »Vielleicht sollten wir die Familienfeier abblasen«, schlug ich vor, als ich am Fenster stand und zum Himmel hochblinzelte. »Ich glaube, ich höre, wie jemand eine Arche baut.«

»Sehr witzig«, sagte Ramona und legte ihren Arm um mich. Ich sah zu ihr hinunter und sah, dass sie Tränen in den Augen hatte.

»Habe ich etwas Falsches gesagt?«

»Nein«, erwiderte sie. »Ich möchte nur ... können wir zusammen beten? Ich muss mit Gott reden.«

Als ich sie so in die Wolken starren sah, musste ich an einige Dinge denken, die wir versucht hatten, zu vergessen. Die teuren Karten für das Passionsspiel morgen. Es war eine Freiluft-Veranstaltung, die drohte, vom Regen davongespült zu werden. »Ich habe mich schon seit Monaten darauf gefreut«, sagte sie. »Ich wünsche mir so sehr, dass meine Familie das Stück sieht ... die Geschichte von Jesus ... seine Wunder ... seine Auferstehung.«

Ich musste sie nicht fragen, warum.

Eine Generation zuvor war Chorea Huntington in ihrer

Familie aufgetaucht und hatte den Tod zum ständigen Begleiter gemacht. Der Himmel, der früher strahlte, war jetzt wolkenverhangen. Nacheinander hatte man die Krankheit bei drei ihrer Geschwister festgestellt. »Nur Gott allein weiß, wie oft wir noch so zusammenkommen werden … hier auf dieser Erde«, sagte sie und nahm meine Hand. »Ich möchte, dass sie sich immer daran erinnern.« Dann betete sie laut für ihren Bruder Dennis, der zusammengerollt im Bett in einem Pflegeheim lag. Und für ihre beiden Schwestern, die zur Familienfeier gekommen waren, dass ihnen ihre fröhliche Natur trotz dieser schrecklichen Krankheit auch weiterhin erhalten blieb. Und sie betete für Sonne. Ich hörte zu. Aber ich muss gestehen, dass mein Glaube kleiner war als die Regentropfen, die gegen das Fenster prasselten.

Am Freitagmorgen war es heiß und sonnig.

In Florida.

Aber in Alberta, Kanada goss es in Strömen. Zehn Zentimeter in zwei Tagen. Das sei ein Rekord, sagten manche. Ramona betete auch beim Frühstück und beim Mittagessen wieder. Der Himmel öffnete seine Schleusen noch weiter. Am Nachmittag setzten wir uns in unsere Boote (na ja, das ist ein bisschen übertrieben) und fuhren in die nahe gelegene Stadt, Drumheller. »Das versteht man wohl unter einem Fahrzeugpool«, sagte ich zu meiner Frau. Sie erwiderte nichts. Also beschloss ich, die Stimmung mit einem guten Witz etwas aufzuheitern.

»In Alberta werden die Menschen nicht von der Sonne braun«, erklärte ich, »sondern vom Rost.«

Niemand lachte. Gar niemand. Ich stellte die Scheibenwischer eine Stufe schneller und versuchte es mit anderen Witzen. Zum Beispiel:

Wenigstens brauchen wir unseren Rasen dieses Jahr nicht sprengen. Wir legen Drainagegräben.

Das Wasser ist knapp. Es steht uns nur bis zu den Knien.

Wie zählt man in Alberta die Einwohner? Man zählt Regenschirme.

Der Sommer war dieses Jahr sehr kurz. Er dauerte vom 8. Juni bis zum 8. Juni.

Es lachte immer noch keiner.

Schließlich legten wir beim Naturkundemuseum an, das weltweit für seine riesige Sammlung toter Dinosaurier bekannt ist. Für 20 Dollar konnte die ganze Familie die Überreste sehen und sich todlangweilige Vorträge anhören. Nach einer Stunde ist das in etwa so spannend, wie Käse beim Schimmeln zuzusehen. Also trommelte ich die Kinder zusammen und erfand meinen eigenen Vortrag. »Vor etwa 60 Zillionen Jahren (plus/minus ein paar Monate) streifte dieser Dingsdasaurier über die Hügel, fraß Insekten, Tomaten und kleine Kinder. So haben sie es auch geschafft, sich auszurotten. Sie fraßen ihre eigenen Kinder.« Dann machte ich furchterregende Geräusche und jagte die Kinder mit ausgestreckten Klauen.

Um sechs Uhr verließen wir das Museum durch den Ausgang im Souvenirladen (praktisch, nicht?), und ich konnte es kaum glauben: Die Sonne war herausgekommen.

Ramona schien nicht besonders überrascht. »Ich wusste es«, sagte sie grinsend.

Ein paar Kilometer von den Dinosauriern entfernt saßen wir in einem natürlichen Amphitheater, die Sonne schien uns auf den Rücken, und unsere Regenschirme blieben geschlossen. Drei Stunden lang blieb es trocken. Drei Stunden lang folgten wir der Geschichte von Jesus. Wir sahen, wie er die Pharisäer kritisierte, mit Kindern lachte und Maria Magdalena heilte. Und dann sahen wir entsetzt zu, wie sie ihn ans Kreuz nagelten. Die Engel wandten sich ab. Die Menge jubelte und ging weg.

Und dann … überraschte er die ganze Welt.

Links und rechts von mir saßen die Schwestern meiner Frau. Zwei Frauen, die sich gemeinsam mit ihren Männern und Kindern nichts sehnlicher wünschten, als geheilt zu werden. Aber an diesem Abend wurde mir schlagartig klar, dass sie etwas viel Besseres hatten. Sie hatten Hoffnung. Eine Hoffnung, die man nicht in einem Museum voller alter Knochen findet, sondern dort, wo das Grab leer ist. Hoffnung, die man in der Geschichte eines leidenschaftlichen Retters findet, der gestorben ist, um die Welt zu heilen.

Auf dem Parkplatz merkte Jeffrey, dass ich sehr ernst war. »Ich habe Petrus hinter der Bühne gesehen«, sagte er. »Er hat eine Zigarette geraucht.« Wir lachten alle laut. »Wenn irgendeiner der Jünger geraucht hätte«, sagte ich, »dann wäre es Petrus gewesen.«

Auf dem Heimweg öffnete der Himmel wieder die Schleusen, und es regnete. Aber das war uns egal. Als ich den Tempomat einschaltete, überholte uns ein Auto. Auf dem Nummernschild stand das eine Wort, mit dem sich dieser Tag wohl am besten zusammenfassen ließ: HOFFNUNG.

»Schau mal«, sagte ich zu Ramona. Und sie sah es.

»Bist du froh, dass du nicht angeln gegangen bist?«, fragte sie mit einem Zwinkern.

»Bestimmt«, erwiderte ich. »Ich würde eine Familienfeier jederzeit vorziehen.« Dann fügte ich hinzu: »Würdest du für morgen beten? Ich möchte gerne Golf spielen gehen.«

Nichts weniger
als die Wahrheit

Adrian Plass & Jeff Lucas
Anekdoten frommer Chaoten
Paperback, 208 Seiten
ISBN 978-3-86506-350-2

Adrian Plass und Jeff Lucas, zwei
international bekannte Redner, im
offenen Gespräch über ihr Christsein
und ihre Arbeit.
Authentisch, lustig, bewegend.

Brendow.
VERLAG + MEDIEN